P9-CEN-907

INTERNATIONAL LANGUAGES DEPARTME
CENTRAL LIBRARY
LOS ANGELES PUBLIC LIBRARY
630 WEST FIFTH STREET
LOS ANGELES, CA 90071
JAN 3 1 2008

# LA INFANCIA
# ROTA

# LA INFANCIA ROTA

## Testimonio y guías para descubrir y tratar el abuso sexual infantil

### Isabel Cuadros Ferré
### Martha Ordóñez Vera

S
364.153
C9614

GRUPO
EDITORIAL
**norma**

Bogotá, Barcelona, Buenos Aires, Caracas, Guatemala,
Lima, México, Panamá, Quito, San José,
San Juan, Santiago de Chile, Santo Domingo

1819 8225 8

Cuadros Ferré, Isabel
    La infancia rota : testimonios y guías para descubrir y
tratar el abuso sexual infantil / Isabel Cuadros Ferre, Martha
Ordóñez Vera. -- Bogotá : Grupo Editorial Norma, 2006.
    184 p. ; 21 cm.
    ISBN 978-958-04-9751-6
    1. Abuso del niño - Aspectos psicológicos 2. Abuso sexual
de menores - Aspectos psicológicos  3. Niños maltratados
sexualmente - Aspectos psicológicos  4. Niños maltratados
sexualmente - Testimonios I. Ordóñez Vera, Martha II. Tít.
362.76 cd 20 ed.
A1094201

CEP-Banco de la República-Biblioteca Luis Ángel Arango

*Nota:* Los nombres mencionados en los testimonios han sido cambiados
para proteger la confidencialidad de los protagonistas.

Copyright © 2006 por Isabel Cuadros Ferré y Martha Ordóñez Vera

Copyright © 2006 para Latinoamérica
por Editorial Norma S. A.
Apartado Aéreo 53550, Bogotá, Colombia.
http://www.norma.com
Reservados todos los derechos.
Prohibida la reproducción total o parcial de este libro,
por cualquier medio, sin permiso escrito de la Editorial.
Impreso por Imprelibros S. A.
Impreso en Colombia — Printed in Colombia

Asesoría editorial, Margarita Matarranz
Edición, Natalia García Calvo
Ilustración de cubierta, Kal
Diseño de cubierta, Iván Merchán
Armada electrónica, Andrea Rincón Granados

Este libro se compuso en caracteres Adobe Garamond

ISBN: 978-958-04-9751-6

**A mis hijos:**

No es fácil, para ninguna madre, dar la cara y compartir una tragedia vivida dentro de una familia, pero cuando algo raro está pasando y por ineptitud, corrupción o negligencia, ustedes, mis amados hijos, quedan desprotegidos y nuevamente expuestos, toca contar, destapar y buscar la solidaridad de cada persona para que ellos conozcan la verdad de lo que está pasando y no volvernos cómplices de un abuso que nunca debió haber ocurrido.

Yo sé que ustedes nunca debieron pasar por esto y me duele imaginar cómo fueron esos horribles momentos en los que tuvieron que enfrentar solos, siendo tan pequeños, la enfermedad de su padre, pero que gracias a su valentía, a su sinceridad y a esa confianza que siempre me han tenido, logramos frenar.

Ojalá todos los niños del mundo aprendan de nuestra experiencia para que nunca sientan miedo de contarle a la mamá, o a su persona de confianza, cuando un adulto cruza esa frontera de respeto y consideración para ceder a sus impulsos y lograr así satisfacer sus necesidades sin importar el daño que pueda causarle a un menor.

Queridos hijos, ¿cómo no creerles si cuando los miro a los ojos sé que me dicen la verdad?

¿Cómo no protegerlos si Dios me puso en su camino para enseñarles los verdaderos valores y para cuidarlos igual que lo hacen las leonas con sus crías? Muy pronto ustedes crecerán y se independizarán sabiendo y aplicando lo que aprendimos los tres de esta tragedia: que siempre hay que decir la verdad, pase lo que pase, y nos crean o no, lo importante es hacer las cosas como las tenemos que hacer.

Hijitos, les pido perdón por publicar esta historia, que aunque todos la padecimos en carne propia, es de ustedes, pero al escucharles que no querían que a otros niños les pasara lo mismo que a ustedes, pensé que la mejor manera de hacer una campaña de prevención era compartiendo esto que tanto dolor nos causó.

Que Dios los bendiga, los proteja, los fortalezca y los ilumine siempre.

MAMÁ

# CONTENIDO

me y fuerte: "Gina, necesito hablar con usted". Cuando terminé de grabar me estaba esperando en una cabina y ahí, me contó la historia del abuso sexual que sufrió su hija. Supongo que me abordó porque sabía que uno de mis temas legislativos era el de la infancia. Todavía estaba muy crudo. Mientras me narraba su historia volví a sentir la mezcla de pánico e impotencia que me generaban los casos de abuso y maltrato infantil. Sin embargo, después de unos años, ambas tomamos un rumbo claro con respecto al tema inspiradas, muy seguramente, en casos de abuso contra los niños. Hoy, Colombia tiene por fin una Ley de Infancia que garantiza los derechos a los niños y a las niñas y Martha decidió valientemente escribir en este libro la desgarradora historia del abuso sexual al que fue sometida su hija, como motor para que el abuso de los niños sea denunciado.

Esfuerzos como el de publicar este libro son un ejemplo de ese paso adelante que hay que dar para cambiar la historia de nuestra infancia. No podemos seguir quietos repitiendo que "los niños son el futuro de la sociedad", sin hacer lo necesario para protegerlos.

Uno de los frentes que hay que atacar en este recorrido de la defensa de los derechos de los niños y las niñas, es el abuso y el maltrato infantil. Y una de las maneras de atacarlo es desmitificándolo e incentivando la denuncia de todos y cada uno de los casos que se presentan en las familias, pero que mueren en el cajón del olvido, ya sea por vergüenza o por miedo.

## PRÓLOGO

LAS REVOLUCIONES EN la historia de la humanidad las debemos, en parte, a personas valientes que deciden dar un paso adelante buscando el cambio. Si en el siglo XVIII J.J. Rousseau y los ilustrados no se hubieran levantado contra la monarquía e iniciado la Revolución Francesa, quizá hoy no tendríamos derechos humanos. Si Martin Luther King no hubiera iniciado una batalla por la libertad, talvez los esclavos no hubieran conocido el significado de esta palabra. Y si en los años sesenta las mujeres no se hubieran revelado contra el machismo, nuestros derechos, como la educación o la planificación familiar, no serían considerados dentro de la sociedad.

Hoy, en nuestro país toca iniciar otra revolución: la defensa de los derechos de los niños y las niñas, para que algún día podamos sentirnos orgullosos de haber impulsado una generación de niños y niñas felices. No es fácil ni ocurrirá de un día para otro pero, lamentarnos no es la salida.

La primera vez que me crucé con Martha Ordóñez fue en Caracol Radio. Yo corría para alcanzar a grabar un programa de radio y ella me detuvo y me dijo con voz fir-

*La infancia rota* no se queda en lo anecdótico del caso de Martha, o de los otros testimonios narrados. En la primera parte, Isabel Cuadros, hace un recorrido histórico del maltrato y el abuso infantil. Explica cómo han existido casos de este tipo desde el inicio de la civilización y cómo ha quedado huella de esto, por ejemplo, en los cuentos infantiles. Además, deja claro que este tema no es exclusivo de las clases menos favorecidas, ni de las áreas rurales. A cualquiera le puede suceder, sin importar su clase social, raza o religión.

Como una manera de contribuir con la tipificación del problema, la psiquiatra Isabel Cuadros explica los tipos de maltrato y de abuso, que no se limitan a una golpiza o a un acceso carnal violento. Hace lo mismo con las categorías de los abusadores, que van desde los exhibicionistas y voyeristas, hasta los sadomasoquistas.

En el centro de este libro van los testimonios, que demuestran que el problema no se limita a unos pocos. Y que, tristemente, el sistema judicial colombiano carece de una perspectiva de los derechos de los niños, a pesar del Artículo 44 de la Constitución, donde se establece la prevalencia de los niños sobre todos los demás. Esto significa que la protección de los niños, más allá de ser un tema importante, es constitutivo de todas las actuaciones de las autoridades y los particulares y atraviesa de manera transversal las políticas sectoriales en temas sociales claves como salud, educación o alimentación pero, también, en temas como seguridad o conflicto. La perspectiva de infancia debe rebasar el ámbito de los derechos subjetivos de los niños y convertirse en un principio orientador del Estado y de la sociedad. En los procesos judiciales hay que creerles a los niños y comenzar a investigar. No como sucede hoy que prácticamente se descalifica su testimonio o, como dice Martha, que "a las madres se les investiga más que al pedófilo".

Es desgarrador ver cómo las víctimas asumen con valentía esta difícil situación y reconforta el ánimo la forma de sacar adelante su vida y la de sus hijos e hijas víctimas de abuso. Cuando terminamos con el corazón partido al ver los casos de maltrato y abuso, nos preguntamos, como insinúa uno de los testimonios, qué le pasara por la cabeza a las personas que son capaces de cometer estos crímenes y también, si es posible prevenir que esto suceda. Es difícil pero, lo esencial, es reconocer las evidencias de que ha existido maltrato o abuso, qué acciones se pueden tomar en un caso de este tipo y sobre todo entender que es deber de los organismos estatales y judiciales, actuar en estos casos. En estos tres puntos el libro es integral para comprender mejor el maltrato y el abuso infantil.

Hay que perder el miedo. Con miedo no se pueden romper las barreras y acabar con el círculo vicioso que promueve el silencio. Cuando un niño es víctima de abuso, se muere parte de su alma y revivirla es muy difícil. Si no se vuelve un abusador, como ocurre en el treinta porciento de los casos, el trauma lo lleva a vivir en su propia cárcel y el silencio de ella lo aniquila; es un peso que se carga de por vida pero que, afortunadamente, la denuncia ayuda a liberar. Por eso, todas las víctimas o personas que conozcan casos de este tipo deben dar ese paso adelante y denunciar, presionar y unirnos a esta defensa de los derechos de los niños y las niñas. Por ejemplo, como lo señalan las autoras, la explotación sexual infantil no puede seguir considerándose una de las peores formas de trabajo infantil. Sencillamente, debe ser considerada internacionalmente como uno de los peores delitos contra la humanidad.

El libro *La infancia rota* nos muestra que hasta ahora "las víctimas de abuso sexual tienden a ser invisibles para la sociedad". Pero, realmente, son los derechos de los niños y niñas los que tienden a ser invisibles. Colombia, hasta este año, se puso a tono con la legislación internacional. Al igual que este libro, vamos por el camino correcto pero faltan muchos pasos para la gran revolución de la infancia.

GINA PARODY
*Senadora de la República de Colombia*

# PRIMERA PARTE

# El maltrato infantil

EL MALTRATO CONTRA LAS NIÑAS, los niños y los adolescentes ha existido siempre. Es tan antiguo como la existencia de los seres humanos. Desde los primeros relatos de nuestra especie se describe la historia de niños muertos, asesinados por sus propios padres o por otras personas adultas sin ningún sentimiento de culpa o respeto por la vida de los niños.

Desde los griegos, a quienes consideramos padres del pensamiento occidental, se creía que debía matarse a los niños con deformaciones congénitas o discapacidades, infanticidios que ocurrían cotidianamente. Incluso sus filósofos Aristóteles y Platón, cumbres del pensamiento antiguo, compartían esta creencia.

En la Biblia existen numerosos relatos de infanticidios masivos, como el ordenado por el faraón Ramsés a todos los primogénitos judíos, tratando de matar a Moisés; el de Herodes, tratando de asesinar a Jesús, o la historia de Abraham, en la que el Señor le pide como muestra de su amor matar a su único hijo, Isaac, aunque es detenido en el último instante por un ángel enviado por el mismo Dios, como un símbolo del vínculo afectivo, la única y mejor protección para los niños de la violencia del mundo adulto.

En los cuentos de hadas, que se leen en todos los países a los niños, les advertimos de la crueldad de nosotros, los adultos, contra ellos. Blancanieves es uno de los mejores ejemplos. La niña era hija de una "madre buena" que muere cuando ella está pequeña. El rey decide volverse a casar para que la niña tenga una madre, pero la historia resulta en el maltrato cada vez mayor a la pequeña niña. Al comienzo, decide mandarla a hacer oficios domésticos con la esperanza de afearla; después, al reconocerla todavía hermosa, le pide al cazador de la corte que la lleve al bosque y la asesine. El cazador decide permitirle vivir y la deja escapar, entonces es acogida en la casa de los siete enanitos. Allí, vuelve a ser encontrada por la madrastra y ésta, nuevamente, trata de asesinarla tres veces más, primero con la cinta, luego con un peine envenenado, ocasiones en las que los enanitos la salvan. Finalmente, logra matarla con el ardid genial y perverso de la manzana envenenada; ella se come la mitad buena, y le da la parte mala a Blancanieves, logrando sumirla en un sueño, similar a la muerte, hasta la llegada del Príncipe Azul. Realmente, todos los seres humanos llevamos una madrastra dentro de nosotros, que puede salir en cualquier momento cuando los niños son distintos de como los deseamos o se comportan de una manera que consideramos incorrecta, o nos recuerdan a alguien odiado, o simplemente nacieron con alguna discapacidad o diferencia con respecto al promedio de los niños. La "madre buena" y la "madrastra" son en realidad la misma persona, que bajo condiciones de estrés o de disociación, aparecen alternadamente en la vida psíquica de los niños. Es la madre buena que gratifica o la madre mala o madrastra que agrede y frustra. (Melanie Klein)

En otros cuentos también se previene a los niños de la crueldad que los adultos pueden ejercer contra ellos, como en Hansel y Gretel, simbología del abandono y la explotación laboral de los niños y de la valoración sólo en la medida en que el niño es capaz de aportar al mantenimiento económico de los padres. Otros ejemplos son Pulgarcito o Caperucita Roja, que son, por definición, los cuentos del abuso sexual.

En Caperucita Roja, la figura del lobo simboliza claramente al abusador sexual. Caperucita está en su casa con su madre y ésta decide preparar un pastel y enviarlo a su propia madre que está enferma. Advierte a Caperucita sobre los peligros del bosque, diciéndole que no se entretenga. La niña, por supuesto, no tiene la capacidad de prevenir el peligro y mucho menos de enfrentar al lobo. Éste inicialmente la aborda, preguntándole para dónde va; la niña, con la ingenuidad característica de todos los niños, le suelta toda la información que el lobo necesita. Cabe anotar que el lobo, como los abusadores sexuales, no se la "come" en ese momento. Espera y traza un plan. Corre a la casa de la abuelita y se la "come", lo cual hace referencia a la necesidad de desaparecer la figura de protección de la niña. No en vano, muchas niñas le cuentan del abuso sexual por primera vez a su abuelita, quien tiene la experiencia del desarrollo normal de sus hijos y nietos y reconoce más fácilmente la anormalidad del abuso sexual. Desaparecida la abuela, entonces el lobo procede a disfrazarse de abuela, poniéndose su ropa de dormir y acostándose en su cama. Cuando la niña llega, encuentra esta nueva abuelita, que le produce una sensación de confusión, igual a la que sienten las niñas cuando el padre amoroso de día se transforma y abusa de ellas en la noche, no pudiendo entender en su mente infantil cómo ha podido ocurrir este cambio. La niña le pregunta al lobo: "¿Por qué tienes los ojos tan grandes?" El lobo da la respuesta correcta, sabiendo que todos los niños necesitan ser vistos: "¡Para verte mejor!" La niña vuelve a mirar al lobo y le pregunta nuevamente: "¿Por qué tienes la orejas tan grandes?" El lobo vuelve a dar la respuesta correcta, "para oírte mejor", porque sabe que todos los niños necesitan ser escuchados. La niña nuevamente pregunta: "¿Por qué tienes los dientes tan grandes?" Entonces, y sólo entonces, el lobo se abalanza sobre la niña y la devora. En la versión más conocida, la historia tiene un final feliz, porque aparece la figura del cazador, quien saca a Caperucita y a su abuelita del fondo de la barriga del lobo. El trabajo de nosotros, los terapeutas que trabajamos en defensa de los derechos de los niños, como también del Sistema de Protección y sobre todo de la Justicia, es extraer, literalmente, a los niños y niñas del fondo del abuso sexual y, por su supuesto, sólo así, comenzar la tarea de la reparación psíquica indispensable y la restitución de sus derechos.

Merece también especial mención el cuento del lobo y las siete cabritas, donde se vuelve a mostrar cómo el abusador es muy hábil en disfrazarse de madre y se come a todas las cabritas, menos a una, las más inteligente, quien puede salvar a sus hermanitas buscando a la madre cabra, que le abre la barriga al lobo y la llena de piedras, lo que finalmente determina que el lobo se ahogue al ir a beber agua. Este cuento muestra la compulsión a la repetición del abusador, pues como ha sido demostrado en múltiples estudios, el abusador puede victimizar a muchos niños a lo largo de su vida, generalmente, en la mayor impunidad.

En la mitología de los griegos, también existen múltiples ejemplos de cómo sostener el poder a cualquier precio es muchas veces la motivación para matar a los hijos o a la generación siguiente. Uno de los más significativos es el mito de Cronos, que es considerado como el dios del tiempo. Está casado con Gea, la Madre Tierra. Un día, el dios Cronos decide ir a consultar al oráculo, es decir, a ver su propio inconsciente, su destino. El oráculo le advierte que, indefectiblemente, va a ser destronado por uno de sus propios hijos. Cronos decide entonces, para prevenir la pérdida del poder, matar a todos los hijos que nazcan en adelante. Efectivamente devora a todos los hijos al nacer, hasta que su esposa Gea decide que va a salvar aunque sea a uno. En el siguiente embarazo, cuando nace Zeus, lo esconde y se lo da a una cabra para que lo alimente, engañando a

su cruel marido con una piedra envuelta en pañales que
Cronos devora, en sin igual metáfora de la ceguera eterna
de la violencia humana; es decir, nunca se ve a quién se está
matando, en el sentido del reconocimiento psicológico, sino
que se le devora. También pueden considerarse ejemplos de
filicidio la historia de Edipo Rey o de Medea, quien asesina
a sus propios hijos y lamenta después que cuando llegue a
vieja no va a tener quien la cuide. En la historia de Edipo
Rey, siempre se ha enfatizado que el hijo mata a su propio
padre y luego se casa con la madre, olvidando, como hacemos siempre para favorecer a los padres, que es el padre
quien, como Cronos, decide matarlo cuando es un bebé
indefenso, por la misma razón: para que ningún hijo pueda
sucederlo en el trono. Es además el Rey padre quien ataca
a Edipo en el camino; diríamos modernamente que éste lo
mata "en defensa propia", evento que se minimiza en el relato
y que después Freud tampoco tomará en cuenta al hacer
su famosa descripción del complejo de Edipo. Ignoramos
siempre, a la hora de contar las historias, la agresión inicial
de los adultos contra los niños.

Con relación al abuso sexual, cabe anotar que sólo recientemente se ha entendido éste como lesivo y traumático
para los niños. En la antigüedad existen múltiples ejemplos de cómo se les utilizaba para beneficio del adulto,
sin ninguna consideración ni entendimiento del daño al
desarrollo psicosexual del niño.

Tiberio, por ejemplo, utilizaba sexualmente lactantes
metiéndoles el pene en la boca. Luis XIII, rey de Francia,

era sometido a todo tipo de abusos sexuales por parte de los cortesanos, por ser un niño indefenso a pesar de ser rey. Cuando al fin lo coronan como rey de Francia, su primera pregunta es si al fin van a dejar de golpearlo. (De Mause, 1974)

Las mutilaciones genitales a los niños, que se encuentran referenciadas por Heródoto (450 aC), se pueden encontrar en las momias egipcias, y en otros pueblos africanos y asiáticos. Actualmente se estima que existen de 100 a 130 millones de mujeres, en más de cuarenta países, a quienes se les ha realizado ablación quirúrgica del clítoris y que cada día, en la actualidad, se realizan más de 6.000 por día (Díaz Huertas, 2005).

Con relación a la mutilación de los niños, tenemos el caso de los *castrati*; esta práctica ocurría como una consecuencia absurda de la prohibición del papa Paulo IV (1555-1559) de que las mujeres pudieran hacer parte de los coros en los templos católicos, lo que llevó a la castración de los niños adolescentes para que conservaran la voz aguda, necesaria para ciertas composiciones musicales. Sólo en el año de 1769 el papa Clemente XIV prohibió la castración de niños, y hasta ese momento fue aceptada como normal, y lentamente se dejó la costumbre. Posteriormente, el papa León XIII (1902) prohíbe que los *castrati* canten en los coros católicos.

Mucho antes de lograrse un entendimiento del problema desde la medicina moderna, se conoce la historia de Mary Ellen Wilson, una niña que vivía en un suburbio de Nueva York con una mujer a quien llamaba Mommy, quien abusaba física y emocionalmente de ella de manera extrema, golpeándola sin ninguna provocación, hiriéndola permanentemente con unas tijeras y negándole la comida. Su vecina, una trabajadora social de nombre Etta Wheeler, se percata de la situación y entiende que de no hacerse algo para proteger a Mary Ellen, ésta va a resultar muerta, por lo que se une al presidente de la Sociedad Protectora de Animales, de nombre Henry Berg, para poner una querella ante un juzgado por "crueldad contra alguien que es la representante del Rey de los Animales", razón que tuvo que utilizarse porque para ese año (1896) no existía ninguna legislación que permitiese retirar a la niña, ¡pero sí para proteger a los animales víctimas de crueldad! El juez entendió la razón de la querella y ordenó la protección de la niña, lo cual permitió su recuperación. Este incidente dio origen a la formación de la primera y más antigua sociedad en el mundo para prevenir la crueldad contra los niños, la Sociedad para la Prevención de la Crueldad contra los niños de Nueva York, (1896). La Asociación Americana de Pediatría, creó un comité en 1882, para prevenir la crueldad contra los niños.

En el ámbito médico, sin lugar a dudas tiene un lugar destacado Ambrosio Tardie, patólogo forense de París, quien hace las primeras investigaciones tanto sobre el abuso físico fatal por parte de los padres como sobre el abuso sexual de niños en sus familias. Estos estudios se mantuvieron en vigencia mientras Tardie estuvo vivo, pero cuando murió aparecieron otros médicos que desacreditaron los estudios argumentando que se estaba calumniando a "ciudadanos ejemplares". Tardie escribió no solamente sobre el abuso físico y sexual de los niños, sino también varios tratados de Medicina Forense (1857).

En cuanto al *abuso sexual,* cabe anotar que el primero que señala la relación entre el abuso sexual de los niños y la génesis de ciertas enfermedades mentales es Sigmund Freud, en su primera *Teoría de la seducción.* Infortunadamente, por razones no totalmente claras, Freud dio marcha atrás para señalar que los niños imaginan el abuso, creencia infortunada que todavía tienen algunos psicoanalistas.

En época relativamente reciente, la primera investigación seria, en la medicina moderna, sobre el *maltrato infantil,* la realiza el equipo liderado por Henry Kempe, en Denver (Colorado), quien en compañía de Frederic Silverman, Brad Steele, William Droegemueller y Henry Silver, escribe el artículo titulado *The Battered Child,* traducido como *Síndrome del niño apaleado,* para el año de 1962. En él se describe una nueva condición clínica caracterizada por abuso físico serio, de características repetitivas, causado por los propios padres o cuidadores del niño.

Posteriormente, aparece la descripción de la *negligencia* y del *abuso emocional* por parte de Vincent Fontana, las descripciones pioneras en la epidemiología del *abuso sexual contra los niños* por parte de los sociólogos Diana E. Russel, David Finkelhorn y Gail Wyatt, quienes demuestran que el abuso sexual, y específicamente el incesto, es una problemática sumamente extensa y de consecuencias muy serias para el desarrollo normal y la vida psíquica de los niños.

Debemos la descripción de la forma extrema de maltrato, el Síndrome de Munchausen por Proximidad, al pediatra inglés, Sir Ron Meadow, en el cual la madre enferma deliberadamente al niño o finge una enfermedad de manera también intencional, que determina una enorme cantidad de procedimientos innecesarios y generalmente iatrogénicos para el niño.

Para el entendimiento de las implicaciones del maltrato a los niños desde la psiquiatría, tiene una importancia extrema la psicoanalista de origen polaco, Alice Miller, (*Por tu propio bien,* 1970), quien postula que la violencia humana se origina en el maltrato sufrido en la infancia, y la consecuente prohibición de hablar de ello, sin poder poner en palabras la violencia sufrida, lo que implicaría una acusación de los propios padres. No queda entonces sino la posibilidad de la repetición del trauma sufrido sobre los propios hijos (maltrato infantil), sobre los alumnos, sobre la población gobernada (como en el caso de Hitler o Stalin) o indiscriminadamente (como en el terrorismo).

En Colombia, la persona pionera es, sin ninguna duda, el pediatra y psiquiatra infantil Francisco Cobos, que desde muy temprano reconoce la magnitud del maltrato, postulando en su libro *Abandono y agresión* (Asociación Afecto, 1995), que la raíz de la violencia humana está en las formas extremas de abandono y maltrato de los niños y que la productividad de los países se afecta de manera importante por esta situación. Como consecuencia del trato dado a los niños y de su impacto en la capacidad de aprendizaje y posteriormente en la capacidad productiva, el desarrollo de los países se ve impedido.

Después de trasegar en la problemática de la violencia contra los niños por más de veinte años, tenemos la sensación de que el maltrato a la infancia es extremadamente grave, en cuanto a la cantidad de niños victimizados, pero también en términos cualitativos: las lesiones que se les infligen, el dolor cotidiano de ser un niño incapaz de defenderse, la gravedad del abuso emocional, so pretexto de educarlos, la violencia emocional extendida a todo el sistema educativo, pero también la negligencia en la prevención de accidentes o en la de todo tipo de problemáticas de salud física y mental, que no figuran en las políticas públicas ni tienen la prioridad que debieran tener para el Estado, en todas sus diversas instituciones.

Las cifras que se conocen, y por supuesto representan sólo una parte ínfima de la afectación de los niños, no cambian significativamente hace varios años. La cantidad de niños víctimas de abuso físico, que aparecen en el sistema legal colombiano, siempre está alrededor de diez mil, incluyendo fracturas, quemaduras, golpes con armas contundentes o punzantes; son por supuesto sólo la punta del gran iceberg del maltrato infantil. En el caso del abuso sexual la tendencia a denunciar es creciente en los últimos años, gracias a distintas campañas de sensibilización de la población; el número de casos evaluados en Medicina Legal se sitúa en 14.000 (2005), sin que se tengan datos de cuáles de estos tuvieron atención por el sistema de protección ni el jurídico, y mucho menos, en qué casos el abuso sexual fue "probado" para el sistema penal, y el abusador castigado.

En las dos investigaciones que realizó el Ministerio de Salud de Colombia, en 1993 y 1997, la cifra de prevalencia (es decir los casos en la comunidad) es muchísimo más alta que los estándares internacionales. Para la última investigación se sitúa en 361 casos de maltrato por cada mil, lo que podría significar más de ocho millones de niños maltratados, sin ninguna detección ni atención en la mayoría de los casos. El abuso sexual en la comunidad sería de 26 casos por cada mil, lo que en cifras absolutas podría ser una población de más de 800.000 casos.

En la Asociación Afecto contra el maltrato infantil, consideramos que el maltrato infantil puede entenderse de acuerdo con la definición utilizada por el Consejo Europeo, que dice: "El maltrato consiste en los actos y las carencias que afectan gravemente el desarrollo físico, psicológico, afectivo y moral, de los niños, niñas y adolescentes, ejecutados por los padres, cuidadores o personas adultas con relaciones cercanas a estos".

Existen otras definiciones como las del pediatra mexicano Arturo Loredo Abdala (1994), donde se describe:

"El maltrato a los niños es una enfermedad social, internacional, presente en todos los sectores y clases sociales: producido por factores multicausales (sic), interactuantes y de diversas intensidades y tiempos que afectan el desarrollo armónico, íntegro y adecuado de un menor de edad, comprometiendo su educación y consecuentemente su desenvolvimiento escolar con disturbios que ponen a riesgo su socialización, por tanto, su conformación personal y posteriormente social y profesional".

El maltrato infantil ha sido incluido en la Clasificación Internacional de Enfermedades, de la Organización Mundial de la Salud, en la categoría 999.5. También está incluido en la Clasificación de la Enfermedad Mental de la American Psychiatric Association, más conocida como DSMIV o *Diagnosis and Statistical Manual of Mental Disoders,* que reconoce también las categorías de *abuso físico*, (V61.21; T74.1) *psíquico, sexual* (V61.21; T 74.2) y el de *negligencia* (V61.21; T 74.0).

## Clases de maltrato infantil

### Abuso físico

Incluye todos los daños o lesiones causadas al niño por agresión de un padre o adulto relacionado con él. Consiste en quemaduras, moretones, fracturas de huesos largos, costillas, cráneo; lesiones internas como rupturas de vísceras, lesiones cerebrales o por hematomas consecuencia de los golpes, sin importar cuál puede haber sido la intencionalidad del adulto, porque el maltrato debe definirse por *el impacto sobre el niño* y no por cuál puede haber sido la razón o justificación de quien lo lesiona.

El abuso físico puede ser causado con algún instrumento como una escoba, un cable, látigos, correas, zapatos, varas, entre otros, o también, con las propias manos del abusador.

Generalmente, puede hacerse el diagnóstico por el tipo de patrón repetitivo en las lesiones, en distinto nivel de cicatrización y porque las lesiones ocupan más de un plano del cuerpo del niño.

## Abuso emocional

El abuso emocional consiste en la actuación del adulto que genera alteraciones del desarrollo psíquico adecuado del niño. Sus formas han sido clasificadas por James Garbarino como comportamientos de los padres o cuidadores, de ignorar al niño y no proveerle estimulación emocional adecuada, rechazar los valores del niño y su necesidad de validación, aislarlo de la familia y la comunidad, aterrorizarlo con ataques verbales, pervertir al niño estimulando el comportamiento autodestructivo o antisocial y presionarlo para que "crezca rápido", sin consideración de las distintas etapas del desarrollo normal.

## Abuso sexual

Consiste en el uso sexual de un niño, una niña o un adolescente por parte de un adulto hombre o mujer, un adolescente u otro niño, para la satisfacción de sus necesidades sexuales, sin consideración de su desarrollo psicosexual (Mrazec, 1984). Este concepto se ampliará más adelante.

## Negligencia

La negligencia es una condición en la cual el cuidador o responsable de un niño, deliberadamente, o por una desatención extraordinaria, permite que éste experimente un sufrimiento evitable y/o fracasa en proveer uno o más ingredientes generalmente considerados como esenciales para el adecuado desarrollo físico, intelectual y emocional de las personas (Polansky, 1994). La negligencia puede ser emocional, educativa, física y también en el cuidado médico.

# Categorías especiales

### Síndrome del bebé zarandeado o sacudido

Consiste en las lesiones cerebrales producidas por sacudir fuertemente a un bebé, generalmente menor de un año, produciendo una aceleración del cerebro, que se golpea contra el cráneo. Produce lesiones cerebrales graves, hematomas subdurales, ceguera, convulsiones, coma y en ocasiones, la muerte súbita del niño.

Este síndrome determina el 13 % de muertes por maltrato que ocurren en Estados Unidos (que son alrededor de 1.000 cada año) y la tendencia es que sean mayoritariamente hombres quienes matan a los niños, en una proporción de 7 a 1. De manera característica, el niño estaba completamente normal y súbitamente, sin ninguna explicación lógica, aparece el cuadro neurológico.

En Colombia, las muertes por maltrato infantil de los niños menores de cuatro años están pasando como muertes accidentales, apareciendo el pico epidemiológico a los seis años, que es cuando el niño puede hablar y ser detectado por el sistema escolar. Las muertes de los niños menores de cuatro años, están registradas bajo el título de "accidentes", sin que, hasta ahora, hayan merecido una investigación o atención especial.

## Abuso prenatal

Consiste en el daño físico al bebé antes de nacer, por consumo de tóxicos, violencia contra la madre o drogas inapropiadamente recetadas a la madre. En Colombia tiene especial importancia el consumo de cigarrillo y alcohol por las madres embarazadas. Este último puede generar el síndrome alcohólico fetal, de consecuencias desastrosas para el niño.

## Síndrome de Munchausen por proximidad

Es una forma macabra del maltrato, en la cual el daño se produce porque uno de los padres, generalmente la madre, enferma deliberadamente al niño o finge que éste tiene una enfermedad, lo cual produce enorme efecto iatrogénico en él (Meadow, 1977). En Colombia ya hemos tenido casos de Munchausen por proximidad diagnosticados en los centros especializados de atención de maltrato infantil, lo que muestra el nivel de desarrollo en el país del tema; sin embargo, para poder llevarlos exitosamente a los juzgados, se requiere de la implementación de mucha más tecnología en los hospitales, que permita la recolección de pruebas para el sistema judicial y de protección sin un daño irreparable para el niño.

## El abuso sexual contra los niños, las niñas y los adolescentes

El abuso sexual contra los niños, las niñas y los adolescentes en el mundo es un tema de preocupación relativamente reciente. El primero en llamar la atención, como fue mencionado anteriormente, sobre la importancia del abuso sexual, fue el extraordinario médico forense Ambroise Tardeau, catedrático de medicina legal en París. Hacia el año de 1857, al realizar exámenes forenses de los niños, concluyó que habían sido víctimas de abuso sexual y publicó un libro titulado *Estudio médico legal sobre atentados contra la moral,* donde revisa, a lo largo de sus distintas ediciones, un periodo de más de once años, citando 11.576 casos, de los cuales en 9.125 casos las víctimas eran niñas entre 4 y 12 años de edad. Con este trabajo logró que el tema tuviera cierta aceptación en el desarrollo de la medicina forense. Posteriormente, aparece otro médico francés, Broudel, sucesor de Tardeau en la cátedra, quien afirmaba que los violadores eran con frecuencia varones de la familia y, sorprendentemente, afirmaba que los asaltos sexuales eran comunes en la familia.

Sin embargo, al morir Tardeau y Brourdel, comienzan a aparecer las opiniones de defensa del mundo adulto, lo que hoy conocemos como *backlash*, y se proclama que Tardeau estaba equivocado, que había calumniado a "personas honorables" y sus investigaciones son silenciadas para el mundo médico durante muchos años.

Posteriormente, Sigmund Freud, a través de la técnica psicoanalítica, descubre la relación entre el abuso sexual y la enfermedad mental, especialmente para lo que en esa época se llamaba *histeria*, haciendo referencia a que se creía producida por la migración anómala del útero, por supuesto, solamente en las mujeres. Sin embargo, y por razones no totalmente claras, Freud da marcha atrás, y al describir el complejo de Edipo prefiere la hipótesis de que "los niños fantasean" las escenas de abuso sexual con los adultos y especialmente con el padre. Dicha teoría se acomoda perfectamente a lo que la mayoría de las personas adultas quieren creer de sí mismas: que los humanos adultos no maltratamos ni victimizamos a los niños, que los niños fantasean y que, por consiguiente, todas la situaciones de abuso son responsabilidad de los niños y no de los adultos, y que los adultos son víctimas de los niños y no al contrario. Increíblemente, todavía existen psicoanalistas, forenses, psicólogos, psiquiatras que, a pesar de toda la evidencia científica producida, continúan tranquilizándose con la segunda teoría de Freud, negando la evidencia del abuso sexual y dejando al niño sin protección, pues es cada vez más claro que de no mediar la intervención de los sistemas de protección y justicia, el abuso sexual se repetirá de manera indefinida, a veces, hasta que el niño llega a la adolescencia y tiene por sí mismo la capacidad de huir de la casa (a veces para caer en una situación peor, como la prostitución) o de enfrentar al abusador sexual y negarse a sus demandas.

Sólo desde la llegada de los pioneros en el entendimiento del abuso sexual, ha comenzado a reconocerse, como lo llamó Henry Kempe, "la epidemia oculta" del abuso sexual, con cifras cada vez más alarmantes de la cantidad de víctimas, que muchas veces sólo reportan haber sido victimizadas cuando llegan a la vida adulta y han soportado años de dolor psíquico. Con los sólidos estudios de los sociólogos Russell, Wyatt y Finkelhorn, en Estados Unidos, se demuestra que el abuso sexual es extremadamente frecuente, es decir, que la población de mujeres adultas que reportaron haber sufrido abuso fluctúa entre el 19% y el 46%, cifra que no reporta ninguna otra enfermedad o patología social. La frecuencia del abuso sexual, según la investigación de Finkelhorn, encuentra un 16% de hombres que sufrieron abuso sexual en la infancia.

Existen distintas definiciones de *abuso sexual*, algunas de las cuales afirman lo siguiente:

"El abuso sexual consiste en el uso sexual de un niño o una niña por parte de un adulto, hombre o mujer, un adolescente u otro niño, para la satisfacción de sus necesidades sexuales, sin consideración de su desarrollo psicosexual" (Mrazec, 1981). La satisfacción puede también ser del narcisismo del abusador o de la necesidad de agresión y venganza, por maltrato sufrido en la infancia del abusador.

Existe amplio acuerdo entre los profesionales en el sentido de que el abuso sexual implica la explotación de una relación de poder sobre los niños para una gratificación del adulto o de otro niño, significativamente mayor (en la mayoría de los países, la diferencia de edad entre la víctima y el victimario debe ser de cuatro o más años), y también que el abuso sexual viola los tabúes culturales de los roles sociales (Doh, 1991).

El comportamiento abusivo en la sexualidad puede también definirse como cualquier evento sexual que ocurre sin consentimiento, sin equidad entre los participantes, como resultado del ejercicio de la coerción sobre uno de los individuos. En el abuso sexual, los niños nunca están en condiciones de equidad con los adultos o adolescentes por sus propias condiciones de vulnerabilidad, de ingenuidad, pensamiento concreto e indefensión característica de la infancia. La agresión sexual siempre implica la explotación del otro, el uso de amenazas, la intimidación o la manipulación del niño.

El maltrato en la sexualidad de los niños, de acuerdo con Finkelhorn, toma tres formas predominantes; la primera, es la explotación del niño para la gratificación sexual del abusador; la segunda, es la erotización excesiva del niño a través de estimulación sexual inapropiada y la tercera, es la supresión, mortificación o represión de la emergencia de la sexualidad del niño o adolescente.

El concepto de qué significa el consentimiento informado es tremendamente importante para entender por qué utilizar a los niños para la satisfacción de la sexualidad de un adulto es éticamente incorrecto y lesiona la dignidad del niño.

El consentimiento implica un acuerdo que abarca el entendimiento de la propuesta, el conocimiento de los estándares sociales de lo que se está proponiendo, el conocimiento y entendimiento de las consecuencias y las alternativas, la asunción de que el acuerdo o desacuerdo será respetado, que la decisión sea completamente voluntaria y que exista la competencia mental para tomar la decisión (Shaw, 1999).

La competencia mental puede estar comprometida por el uso de sustancias psicoactivas que el abusador puede darle a la víctima, puede estar comprometida por retardo del desarrollo psicosexual en la víctima, o por experiencias anteriores de abuso o de violencia intrafamiliar que no le permiten a la víctima desarrollar las destrezas normales de defensa en situaciones abusivas y puede, por lo tanto, paralizarse en la situación de emergencia.

La equidad implica que los participantes en el evento tengan el mismo nivel de poder y que ninguno sea controlado o coaccionado por el otro.

Claramente, los niños, inclusive los adolescentes, tienen dificultades claras para entender lo que significa ejercer la sexualidad, más cuando el abusador los engaña intencionalmente, diciéndoles que todos los niños pasan por la misma experiencia; esta es una de las razones por las que se les muestra pornografía, para hacerles creer que la actividad sexual entre niños y adultos es común.

## Categorías de abusadores sexuales

La discusión sobre quiénes son las personas que abusan de los niños está todavía abierta mundialmente. Nosotros, en la Asociación Afecto, creemos que la normalidad psíquica **no puede estar en la mente** de quien se excita y abusa sexualmente de un niño. Esto de ninguna manera puede ni debe considerarse normal, como algunas organizaciones de pedófilos proclaman, especialmente en Estados Unidos, donde prima por su tipo de Constitución el derecho a la libertad de expresión sobre el derecho de los niños a ser protegidos. (Convención de los Derechos de los niños, Art.19).

El criterio para definir si la persona es responsable de sus actos, lo que para la psiquiatría forense se llama imputabilidad, es que el individuo debe saber la diferencia entre bien y mal en el momento en que efectuó determinado acto, en este caso el abuso. Es claro que para el caso del abuso sexual de los niños, la gran mayoría de los abusadores conocen la diferencia y saben que en todas las culturas y sociedades modernas el abuso sexual es penalizado socialmente y en la legislación de todos los países es considerado un delito penal, por lo que ocultan la acción, y como dice el profesor Tilman Furniss, el secreto es uno de los componentes básicos del abuso. Los únicos abusadores sexuales que en un determinado momento pueden no ser responsables, son aquellos en los cuales existe un trastorno neurológico que explique el ataque sexual, los que tengan un nivel moderado de retardo mental y los que comentan el acto como parte de una actuación delirante, en el curso de una esquizofrenia o enfermedad maniaco-depresiva.

Algunos de los abusadores sexuales tienen lo que se conoce en la psiquiatría como parafilias, o desórdenes del ejercicio de la sexualidad. Las categorías para la Clasificación Internacional de Enfermedades (CIE) y el DSMIV son:

## *Paidofilia* (CIE 302.2; F65.4)

Clasificada en la CIE como la enfermedad 302.2, consiste en la preferencia de una persona adulta por un niño o niña prepuberal, menor de trece años, como objeto de su excitación sexual. El individuo debe ser mayor de dieciséis años y tener por lo menos cinco años más que el niño. En la mayoría de los casos, el pedófilo es hombre y puede abusar sólo de niños, sólo de niñas o puede abusar de ambos sexos.

La paidofilia puede ser exclusiva, es decir el individuo sólo logra excitarse con los niños, o no exclusiva, cuando logra tener relaciones con otras personas adultas y con niños también. La paidofilia incluye un amplio rango de comportamientos y actividades sexuales con los niños, que van desde espiarlos cuando están desnudos, acariciarlos y estimular sus genitales, masturbarse frente a ellos, o penetrarlos tanto con el pene como con los dedos u objetos extraños, por cualquiera de los orificios del cuerpo como el ano, la vagina o la boca.

Los pedófilos suelen tener gran habilidad para relacionarse con los niños y, sobre todo, para detectar los que son más vulnerables frente a ellos, por ser carentes de afecto y atención en sus familias, poco asertivos, callados y obedientes con los adultos. Así mismo, también tienen colecciones que interesan a los niños (como aviones, carros, postales), decoran de manera juvenil su casa o habitación, tienen grandes colecciones de pornografía de niños o lo que se denomina "erótica" donde aparecen niños en poses sugestivas. Hoy en día, la Policía judicial o la Fiscalía deben revisar rápidamente el computador, por la obsesión de los abusadores sexuales, especialmente de los pedófilos, de coleccionar todo lo de los niños, incluida la pornografía o las páginas Web de pornografía, o la obsesión por archivar las características u objetos de los niños que han victimizado.

Una buena parte (alrededor de un 30%) de los pedófilos sufrió abuso sexual siendo niños, al contrario de otros tipos de abusadores que no lo vivieron de niños y se desarrollan como abusadores sexuales por razones que todavía no son claras para la investigación científica.

### Exhibicionismo (CIE 302.4; F65.2)

En este tipo de trastorno el individuo necesita exhibir sus genitales frente a los niños, generalmente logrando la erección a partir de ser visto. Puede o no continuar masturbándose, pero generalmente no requiere del contacto físico con la víctima, sólo necesita el miedo que produce la exhibición de su pene en erección, como una constatación de que "no ha sido castrado" (simbólicamente). De acuerdo con Otto Fenichel (*Teoría psicoanalítica de la neurosis*, 1982), el exhibicionista puede necesitar aterrorizar a las niñas, que no han visto nunca un pene en erección, al contrario de las mujeres adultas, que en general mostrarían menos temor. El exhibicionismo, donde se exhiben los genitales, es exclusivamente masculino.

### Voyerismo (CIE 302.82; F65.3)

En este tipo de trastorno el individuo obtiene la excitación sexual mirando de manera clandestina la desnudez o la actividad sexual de otras personas, casi siempre masturbándose durante o después del acto voyerista. Generalmente no hay contacto físico con la víctima. El trastorno comienza en la adolescencia y suele ser de naturaleza crónica, pudiendo tener también su origen en experiencias traumáticas en la infancia, como la de presenciar la sexualidad entre los padres.

### Sadismo sexual (CIE 302.84; F65.5)

La característica esencial de este trastorno es que el individuo requiere del dolor psíquico o físico de la víctima para poder lograr la excitación sexual. Los actos sádicos incluyen golpear, azotar, picar, quemar, violar, cortar e incluso matar a la víctima, para lograr la excitación sexual.

Existe discusión acerca de cómo clasificar las formas del abuso sexual e incluso existen posiciones que sostienen que debe clasificarse todo como explotación sexual, lo cual no deja de tener razón, porque el niño siempre es explotado, tanto para la obtención de dinero, como para la obtención de placer sexual o para lograr una descarga de agresión necesaria para el abusador.

Más allá de la categorización de los abusadores sexuales, es muy importante entender que su detección es extremadamente difícil, aun para los profesionales especialistas en salud mental. La primera razón es porque toman ventaja de la idealización que todos los demás humanos tenemos de nuestra propia especie. **Todos quisiéramos creer que no somos capaces de abusar de la vulnerabilidad de los niños, como efectivamente lo hacemos.**

Todos quisiéramos encontrar en el otro a un ser humano bueno. Los abusadores sexuales, infortunadamente saben esto y lo aprovechan, pudiendo pasar la vida entera victimizando a los niños, sin ninguna consecuencia. Esta misma impunidad los lleva a abusar cada vez más, de formas más arriesgadas, con la convicción de que no les va a suceder nada, como dolorosamente pasa en la mayoría de los casos.

Otra de las razones por las que los abusadores pueden abusar de tantos niños en la impunidad total es porque los profesionales de la medicina forense o psiquiatría forense siguen pensando que se puede discriminar quién miente y quién no. En múltiples investigaciones (Anna Salter, 2003) se ha demostrado que no es posible saber si una persona adulta miente o no, sólo por la entrevista realizada por un profesional. Los abusadores sexuales, especialmente los psicópatas, saben cómo decirle al entrevistador exactamente lo que éste desea oír. Es más, se divierten burlándose de la ingenuidad de ellos y literalmente jugando con sus emociones. Cuando se leen las entrevistas realizadas en el sistema judicial colombiano, sorprende la benevolencia con la cual se trata a los abusadores, las entrevistas son casi de naturaleza "terapéutica" y no judiciales o investigativas, y no se utiliza la evidencia encontrada para confrontar al abusador y obligarlo a confesar, sino que son tratados con la amabilidad que sólo merecen las víctimas.

Otro de los errores frecuentes en la evaluación de quién es un abusador, es creer que hay una coincidencia entre el comportamiento público de un ser humano y lo que hace en su espacio privado o sin testigos. Todos los que trabajamos en violencia intrafamiliar sabemos que **el comportamiento social de un abusador puede ser impecable,** mientras en su familia puede abusar física, emocional y sexualmente de manera muy grave de los miembros de la misma.

## Formas del abuso sexual

### *Tocamientos o "vejación"*

Se refiere al uso de los niños en cualquier tipo de actividad sexual sin que ocurra penetración, como besarlos, acariciarlos o estimularlos en cualquiera de sus áreas sexuales; o lograr mediante engaño o seducción que los niños estimulen los genitales del adulto abusador. Esta es la categoría más frecuente del abuso sexual en todos los estudios en diversos países. Es decir, por encima del ochenta por ciento de todo el abuso sexual se clasifica en esta forma. Esto ocurre por diversas causas. Una importante es que los abusadores sexuales saben que es mucho más difícil de probar si no dejan huellas físicas, fácilmente identificables; también, porque saben que, en general, la legislación es mucho menos dura si no ha ocurrido la penetración y porque no quieren en la mayoría de los casos causarle dolor al niño, porque éste puede contar más rápidamente o puede negarse a repetir el incidente abusivo.

Es importante anotar que el daño psíquico del niño puede ser tan grave como si hubiera ocurrido la penetración. Esto ocurre por muchas razones, entre las que se cuenta que los niños, especialmente los muy pequeños, no saben qué es adentro o afuera y muchos menos entienden qué es la penetración. Las lesiones psíquicas pueden ser evidentes o no, pero si una persona experta tanto en el área clínica como en la forense realiza una buena historia clínica, puede, sin mayor dificultad, determinar la veracidad de la versión dada por el niño, siempre y cuando tenga un conocimiento acorde con las investigaciones científicas actuales, y conocimientos suficientes sobre el desarrollo psicomotor y del lenguaje de los niños.

## Penetración

Se refiere al abuso sexual en el cual ocurre la introducción del miembro en erección, los dedos u otros objetos en cualquiera de los orificios del niño (anal, vaginal u oral), según sea el sexo del niño. Generalmente no se utiliza violencia física, sino que el abusador va gradualmente, aumentando la intensidad de los contactos, hasta llegar a la penetración. Muchas veces el abusador le ofrece al niño cosas que él desea o de las que carece, otras veces lo amenaza con matar a su mascota, o hacerle daño a la madre, o simplemente contar y decir que el niño tiene la culpa por haberlo permitido. En ocasiones le dicen frases como "nadie te va a creer" o "todos van a decir que es tu culpa". Cuando el sistema judicial, o el de protección, o los terapeutas a los cuales acude la familia, no le creen al niño, las amenazas del abusador tristemente se vuelven realidad.

Cabe anotar que la penetración, especialmente si el abusador es pedófilo y promiscuo, eleva gravemente el riesgo para la salud física del niño, especialmente de enfermedades de transmisión sexual, como sida, gonorrea, sífilis, clamidia, ureoplasma, etcétera.

Estudios recientes muestran que por la rápida cicatrización de las mucosas, así como por la existencia de hímenes dilatables en buena parte de la población infantil, pueden no mostrar huellas físicas de la penetración, así ésta haya ocurrido. Es entonces un absurdo que algún forense escriba en un reporte que no hubo penetración. Sólo puede decir que no encuentra huellas físicas de que ésta haya ocurrido, lo que es enteramente distinto a atreverse a decir que, por no encontrar huellas, la historia no es verdad, dejando a la víctima expuesta a nuevos abusos y con el trauma adicional de no haber sido creída su denuncia.

## Asalto sexual o violación

Se define como la relación sexual que ocurre sin el consentimiento de la víctima, utilizando violencia física o psicológica; el objetivo real del abusador en ella es la descarga de agresividad y no la erótica. En general, el violador tiende a ser un hombre menor de 35 años, que puede haber violado a muchos niños antes de ser descubierto. Se violan más niñas que niños, pero las consecuencias tienden a ser más graves para los niños. El ciento por ciento de las víctimas de un asalto sexual presenta estrés postraumático (ver p. 120); adicionalmente, la violación supone un riesgo muy alto para la salud física del niño. Algunos presentan desgarros del área genital, o inclusive del recto, lo cual implica una reparación quirúrgica compleja, que puede implicar también la muerte del niño si no es intervenido a tiempo, en un hospital de alta tecnología.

## Abuso sexual incestuoso

El abuso sexual incestuoso, es decir, el que ocurre cuando entre la víctima y el victimario hay una relación de consanguinidad o de cohabitación, es sin duda la categoría de más difícil abordaje tanto desde lo terapéutico como desde lo forense. La mayoría de las víctimas son niñas pequeñas, que son victimizadas por su padre, tío, primo o padrastro, en fin, personas adultas, cercanas a la niña, en las cuales confía y de las cuales espera protección; en este caso, la traición se constituye en la causa más importante del trauma psíquico.

Generalmente, el incesto más frecuente es el que ocurre entre el padre y la hija, y la actuación abusiva es sólo una parte de toda una relación malsana que el padre estimula. El incesto comienza en la mayoría de los casos cuando la niña es muy pequeña y, por lo tanto, más indefensa frente a "su papito". Muchos de los padres le hacen creer a la niña que esto ocurre en todas las familias, o que es parte de su educación sexual; en todos los casos se estimula el secreto entre el abusador y la niña. A pesar de que existe mucha literatura que habla de colusión entre la madre y el padre, incluso argumentando que la madre en la familia donde ocurre el incesto es parte de éste por negarse a darle sexualidad al padre, nos parece una visión sesgada por el género masculino. Esta interpretación obvia otros factores y situaciones; por ejemplo, familias donde la sexualidad entre los padres se ha interrumpido por distintas razones y sin embargo, el padre jamás cae en el incesto, o que la mayoría de los abusadores tienen enormes dificultades en el desempeño sexual con mujeres adultas; algunos necesitan de rituales extraños para lograr la excitación y otros, en contraposición, tienen una sexualidad realmente indiscriminada y sin consideración de la esposa que acaba por negarse a las excesivas demandas sexuales del abusador. Es un lugar común dentro de todo el sistema de justicia aducir que la madre ha implantado la historia del abuso sexual, por encontrarse en una disputa de custodia o por haber sido abandonada. Cuando se examina la literatura científica existente al respecto, esta creencia resulta completamente falsa. Las acusaciones de abuso sexual en las disputas de divorcio o custodia no son más del 1 ó 2 % de todas las demandas, lo cual muestra cómo, otra vez, el género influye en las creencias de quien administra justicia. Existen sí, madres incapaces de proteger a la niña, que no pueden parar el abuso o lo niegan sistemáticamente.

En los casos muy escasos donde, efectivamente, la madre u otra persona ha enseñado al niño a contar la historia del abuso, el sistema de protección debe vigilar lo que ocurre con el niño, porque resulta obvio pensar que si se está dispuesto a sacrificar la salud mental del hijo por una venganza, o por motivos económicos, el niño está en riesgo y debe ser protegido de todas maneras.

## Explotación sexual comercial de los niños, las niñas y los adolescentes

La explotación sexual de los niños es un delito muy grave, pero, infortunadamente, de gran rentabilidad económica. En todos los países existen redes delincuenciales que se benefician del uso de los niños para la satisfacción de otros, acomodándose muy bien en nuestra Latinoamérica, donde la legislación relativamente blanda, la pobreza de ciertas áreas y el poco interés en perseguir estas redes, permiten su proliferación y enraizamiento, con especial espacio en las ciudades turísticas, como Cartagena, en Colombia. Nosotros pensamos que la explotación sexual comercial de los niños no debe considerarse jamás una forma de trabajo infantil, es un delito más de los que el mundo adulto comete contra los niños.

En muchos casos, la prostitución del niño comienza con el abuso sexual del padre o padrastro, la expulsión de la casa por el abuso o por un embarazo indeseado (y probatorio del abuso) que deja al niño vulnerable a la persecución de las redes de traficantes.

Las principales formas son:

## Pornografía infantil

Se define como la utilización de menores de edad para la realización de material pornográfico como fotografías, videos, películas, que pueden comercializarse directamente o pueden ponerse también en Internet. Este material, como ya se ha dicho anteriormente, puede ser utilizado de múltiples formas, pero una que cierra el círculo del abuso es mostrándoselo al niño que va a ser victimizado, para generarle la creencia de que la actividad sexual entre niños y adultos es normal. Los pedófilos suelen tener grandes colecciones de material pornográfico, tanto en su computador como en video o fotografías. Es importante entender que estos pedófilos pueden fabricarse su propia colección de pornografía, realizando *collages* con distintos avisos publicitarios donde aparecen niños.

## Prostitución infantil

Se refiere al uso de niños para la gratificación sexual de otro adulto, mediante el pago de dinero por el uso del cuerpo del niño. Nos parece que la prostitución infantil debe considerarse siempre como abuso sexual y la legislación debería poner el énfasis en el adulto pedófilo que utiliza la prostitución para su gratificación y no en quien la ejerce. Los niños en esta actividad tienen un nivel de daño físico y psíquico severo, están expuestos a todo tipo de enfermedades de transmisión sexual, como sida, sífilis, gonorrea, etcétera.

En Colombia nos falta más investigación para saber con exactitud cuántos niños están involucrados en este delito, cuál es la dinámica del mismo y cómo realizar una prevención eficaz, antes de que el niño caiga en las redes.

## Turismo sexual

Infortunadamente, en toda Latinoamérica existen redes de delincuentes que trafican con los niños para pedófilos de países desarrollados que vienen a los nuestros para cometer todo tipo de delitos, que tendrían miedo de cometer en su país de origen, donde, sin ninguna duda, la legislación es más severa. Este problema necesita obviamente de un enfoque global, de orden mundial, para proteger efectivamente a los niños en todos los países desarrollados y en vías de desarrollo.

# Condiciones en el abuso sexual

El investigador más importante en el abuso sexual, especialmente en cuanto a epidemiología, diseñó hace ya muchos años lo que hoy se conoce como el Modelo de Finkelhorn, que resulta de gran utilidad para determinar los factores que están presentes en las situaciones de abuso sexual. Estas precondiciones se observan en *todas* las situaciones de abuso que hemos visto en la práctica clínica.

## *Condiciones propias del abusador sexual*

El abusador sexual tiene, por supuesto, la capacidad y/o la necesidad de la excitación sexual con los niños; tiene además congruencia emocional, es decir, encuentra aprobable y correcta esta excitación. La mayoría tiene gran dificultad en tener relaciones sexuales con mujeres adultas, u hombres adultos, generalmente tiene una autoestima muy baja y, en algunos casos, él mismo ha sido víctima de abuso sexual, negligencia emocional o abuso físico.

En algunos es posible encontrar antecedentes de una ruptura del proceso de vinculación afectiva con la madre en los tres primeros años de vida, lo que probablemente daña de manera irreparable su capacidad de empatía, o capacidad de identificarse con el otro ser humano.

## Carencia de la inhibición interna

El abusador debe hacer caso omiso de la ética social, la moral o, como diríamos los psiquiatras, el *superyo*, para poder abusar del niño; por eso, muchos de los abusadores consumen alcohol (hasta 50 %) intencionalmente, para ahogar su propia conciencia.

## Carencia de la inhibición externa

La inhibición externa, es el conjunto de factores que normalmente están presentes y que impiden el abuso de los niños. El abusador sabe que debe eliminarlos para poder abusar del niño. En la mayoría de los casos, la condición externa inhibitoria más importante es la presencia de la madre. Normalmente, el abuso sexual ocurre cuando la madre está de viaje o está en el trabajo. Incluso hemos conocido casos en los que se aprovecha el momento en el que la madre está hospitalizada para abusar de la hija. Sólo en pocos casos, la madre está presente en el abuso, a veces dormida, o en casos excepcionales, participa activamente en el mismo.

## Resistencia de la víctima

Existen diferencias en la crianza de los niños y diferencias genéticas que pueden predisponer al abuso, al volver al niño más vulnerable frente a las maniobras de seducción del abusador.

La falta de atención, de afecto, de algunas cosas deseables para los niños y aun de los artículos necesarios para el colegio, los puede volver más vulnerables frente al abusador, que tiene gran habilidad para detectar cuál niño puede ser victimizado más fácilmente.

Los niños que han sido sometidos a procesos de educación que implican la obediencia automática son vulnerables, así como aquellos a quienes en la crianza no se les ha permitido la expresión asertiva de sus necesidades y gustos; los niños que viven en familias donde se utiliza el castigo físico también están en un riesgo mayor.

# SEGUNDA PARTE

# Testimonios

LAS VÍCTIMAS DE ABUSO SEXUAL tienden a ser invisibles para la sociedad, ocultas tras el tabú que estigmatiza esta problemática o perdidas en la generalización de las estadísticas.

Los siguientes testimonios son un intento de acercar a los lectores a la realidad de esta tragedia humana, tal como la sienten "en carne propia" las personas que han tenido el infortunio de vivirla.

## Primer testimonio

### *Batalla de una madre en la plaza pública*

Soy una mujer colombiana, hija única, periodista con más de quince años de experiencia en los medios de comunicación cubriendo farándula y entretenimiento.

Quiero compartir mi pesadilla con los lectores, porque aunque todos los que nunca hemos sido víctimas de abuso sexual o los que nunca han tenido un caso cerca, creemos que estas historias son pura ficción o que ocurren únicamente en los estratos más bajos —por culpa del hacinamiento, por falta de educación y hasta por ausencia del temor a Dios—, la realidad es que, definitivamente, esto puede ocurrir en cualquier familia, sin importar el estrato o el nivel educativo.

La mayoría de personas se niegan a creerlo y los que consideramos que sí pudo haber pasado expresamos nuestra solidaridad con palabrotas hacia los abusadores y violadores, nos compungimos por unas horas y como en todas las tragedias, dos días después nos olvidamos, simple y sencillamente, porque la vida debe continuar.

Yo nunca quise casarme antes de mis treinta años porque quería trabajar incansablemente, viajar y disfrutar la vida sanamente, pero gozándome a plenitud mis obligaciones y mis momentos de descanso y diversión.

Tuve un padrastro durante diecinueve años que me trató como si de verdad yo fuera su hija y me respetó tanto, que ahora me doy cuenta, después de lo que pasó en mi casa, de lo importante que es para los niños y los adolescentes que los adultos que conviven con ellos los respeten, los valoren y les den un buen trato.

Al fin, conocí a alguien a quien llamaré Lucas y, un buen día, decidimos casarnos. Me sentía una mujer feliz, realizada porque había encontrado ese ser al que amaba como a ningún otro y quien sería el socio de mi proyecto de vida y padre de mis hijos.

No les voy a negar que al principio fue complicado el acople, porque él era un niñito consentido que fue criado por sus medio hermanas y a veces se portaba egoístamente, dándole prioridad a su bienestar sin hacer la lectura de las necesidades de los demás. En fin, todas esos detalles que son causa de diferencias normales en las relaciones de pareja.

Su mutismo a la hora de tratar un tema y su alcoholismo nos hacían discutir pero, en el fondo, yo sentía que Lucas era un hombre bueno, que me amaba y que intentaba complacerme en todo. Pero su mirada triste me indicaba que algo le pasaba, o le había ocurrido, y cuando le preguntaba, me decía que él había sido un niño muy maltratado y que su padre siempre le repetía el dicho: "La letra con sangre entra". Además, me confesó que no sentía nada bueno por su mamá, porque lo había abandonado cuando él apenas tenía tres años y, por eso, su padre y sus medio hermanas lo habían criado. Que además, recordaba que su familia le regalaba juguetes muy finos, pero que se los guardaban en una vitrina y le ponían candado a la puerta de vidrio y él se dormía mirando sus juguetes, que aunque bonitos, eran imposibles de tocar. Lo mismo le ocurrió con un reloj finísimo que sólo se lo dejaban poner los domingos cuando iba a misa; apenas llegaba a la casa, se lo quitaban.

La llegada de nuestros dos hijos fue espectacular, yo aumenté veinte kilos en cada embarazo y aunque estaba muy sensible y con unas náuseas incontrolables, trataba de acompañarlo a sus reuniones y a sus fiestas para no hacer lo que la mayoría de las mujeres embarazadas hacen: alejarse de sus parejas por las maluqueras, volverse frías y no volver a compartir nada con sus esposos, por lo que ellos se sienten desplazados por el bebé y hasta terminan teniendo sus aventurillas, buscando atención y cariño fuera de su hogar.

Cuando nuestro hijo tenía un añito, la niña tres y nosotros cuatro años de casados, el lunes 27 de mayo de 2002 comenzó la pesadilla. A las 6:30 de la mañana nos despedimos, muy felices, porque el día anterior había ganado las elecciones a la Presidencia de la República el doctor Álvaro Uribe Vélez y como yo había trabajado en la campaña presidencial, y como Lucas lo había conocido en eventos y cocteles, pues nos gozábamos aún más el triunfo. Lo sentíamos cercano.

Él se fue y 45 minutos más tarde empecé a despertar a la niña para alistarla porque el bus del jardín infantil la recogía a las 8. Le quité su pijama térmico y el pañal, y cuál fue mi sorpresa cuando descubrí una pequeñísima mancha de sangre en uno de los pliegues del pañal; de inmediato, pensé que se trataba de un golpe o de cualquier cosa, pero jamás pasó por mi cabeza lo que segundos más tarde me contó la niña.

Al mostrarle a mi pequeña hija el pañal y al preguntarle cómo se sentía, ella, con toda la tranquilidad del mundo, me respondió: "Ah mamá, eso es por los juegos de mi papá".

—¿Qué clase de juegos? —le pregunté.

—Cosquillitas en el chichí —me dijo.

—¿Y el bebé dónde estaba?

—Jugando en la sala.

—¿Y qué más hacían en esos juegos? —continué preguntando.

—Besos en la boca. Pero esos besos no me gustan, porque cuando mi papá mete su legua en mi boca me dan ganas de vomitar.

En ese instante, sentí que el corazón se me iba a salir. De inmediato pensé que, muy posiblemente, esto que mi hija me estaba revelando no lo iba a volver a contar y decidí grabarle con la cámara de video. Me tocó volver a empezar porque necesitaba que me repitiera lo que me acababa de decir.

Pero esa espontaneidad había desaparecido y yo, en mi afán, en mi dolor y en mi desesperación, empecé de nuevo a preguntarle. Hasta la niñera se metía y le hacía preguntas.

Llamé al ex Fiscal General de la Nación para que me ayudara con el caso, porque me sentía incapaz de contarle a mi mamá y necesitaba una orientación. Él me dijo que llamara al pediatra y que luego me fuera a la Unidad de Delitos Sexuales de la Fiscalía. Que no bañara a la niña, ni le lavara los genitales, que llevara el pañal y el video que acababa de hacer.

El pediatra, al escuchar mi relato, se asustó, pero me aconsejó llevar a la niña a Medicina Legal porque allá eran expertos en esos temas.

Llamé a una amiga, quien estalló en llanto al escuchar lo que la niña me había dicho. Nos recogió y nos llevó al lugar, al que llegamos a las 8:30 a.m. y del que salimos a las 4:00 p.m. En el carro tratamos de no hablar del caso, por respeto hacia la niña, para que no se sintiera mal con mi amiga que, además, es la mamá de su mejor amiguita.

Llegamos a la Fiscalía, donde nos recibieron muy bien. La fiscal mandó a la niña con una psicóloga a otro lugar y minutos después regresaron. La psicóloga afirmó: "La niña lo cuenta todo y dice que fue el papá".

Al medio día, y después de hablar con otras funcionarias de la Fiscalía, pasamos al examen físico y cuando la niña estaba desnudita, lista para la auscultación, pidió ir al baño; la llevé y no pudo hacer su deposición porque sentía dolor. Así se lo contamos a la doctora. Es más, le dije que no me había dejado mirarla ni limpiarla porque le dolía y ella me respondió que me quedara tranquila.

Le revisó todo su cuerpito y cuando llegó a los genitales dijo que la niña presentaba dos heriditas en la entrada de la vagina y que cerca al ano tenía otra, que por eso le dolía hacer la deposición. Que el himen estaba bien, que no había desfloración.

Cuando oí eso, en medio de mi angustia, sentí un alivio. Y le di gracias a Dios.

El dictamen fue: "Dos eritemas leves en introito vaginal y una laceración perianal que podían deberse a lo relatado por la menor".

A las 3:00 p.m. me pusieron a hablar con una trabajadora social: "Mire doña Martha, necesitamos que usted no le diga nada de esto a su esposo, para que la Fiscalía pueda investigarlo. Necesitamos su colaboración".

La fiscal me dijo que yo, por ser la esposa de Lucas, no estaba obligada a denunciarlo, pero que por lo que contaba la niña, mis dos hijos estarían en peligro y si yo no denunciaba ellos tenían que reportarle el caso al Instituto Colombiano de Bienestar Familiar, el cual tendría que ordenar una medida de protección.

Llegamos a la casa y mi mamá, que iba todos los días a visitar a los niños, me preguntó dónde estábamos y yo le respondí que en chequeos médicos y haciendo diligencias. Lo mismo le dije a Lucas.

Cuando él llegó, yo sentía una mezcla de pánico y asco. Lo miraba y no podía creer que ese ser aparentemente tan inofensivo hubiese sido capaz de irrespetar a su hija. Y lo peor, me tocó quedarme callada para que la Fiscalía investigara y seguir con la rutina, como si nada estuviera pasando.

Esa noche no pude pegar el ojo; además, una de las funcionarias me dijo que de mí dependía que el señor no se volviera a acercar a la niña para hacerle daño. Me sentía como si hubiese sacado a un extraño de la nada y lo hubiese traído a mi casa, a mi cama. Como si ese hombre al que amaba fuera un completo desconocido, y encima de todo, un enfermo mental.

Al otro día me fui al pediatra y él me remitió a un ginecólogo, quien le mandó unos medicamentos a la niña para sanar las heridas y aliviar el dolor.

En la noche, llegó Lucas muy efusivo, muy cariñoso y yo sentía que me moría. Cuando se acercó a la niña y le dijo: "Pero chiquitina, déle un abrazo y un beso a su papá", ella le respondió: "No papá, los besos que tú me das en la boca no me gustan". Él, de inmediato, me miró y me dijo: "De dónde sacará eso, si tú y yo siempre le hemos dicho que no se deje dar besos en la boca, siempre en la mejilla o en la frente".

El miércoles 29 de mayo, a primera hora, me fui para la Fiscalía y les dije que yo no aguantaba esta situación, que yo tenía que hablar con mi marido. Una defensora de familia del ICBF me dijo: "No sólo hable, dígale que se vaya, porque los niños están en peligro".

En la tarde llamé a Gloria, una de sus hermanas. Ella me parecía la más coherente y la más querida, le pedí que viniera para contarle algo importante de Lucas. Le informé la situación y le pedí que me acompañara a hablar con él del tema. Lo esperamos y empezamos a narrarle lo ocurrido. Él escuchó todo mi relato y cuando terminé, Gloria le dijo: "Hermano, ¿qué tiene que decir?".

—Que a mí sí me habían dicho que cuando yo no estaba, a esta casa entraban muchos hombres —respondió Lucas.

—¿Y como para qué?

—Pudo ser en el jardín infantil.

—Pero allá no hay hombres y ella dice que fue el papá.

—Ah no, ya sé, eso debe ser un montaje de su mamá —me dijo.

—Yo no creo, pero le aconsejo que si usted no lo hizo se defienda y le demuestre a la Fiscalía su inocencia —le dije finalmente.

Al otro día, muy temprano, se fue con todas sus cosas. Cuando llegué con los niños al apartamento, no pudimos entrar porque le había puesto a la puerta un seguro que nunca usábamos y del cual yo no tenía llave. Nos había dejado a los niños y a mí por fuera. Tuve que llamar a un cerrajero para poder entrar.

Como Lucas se había llevado todas las facturas de los servicios, los pagos se vencieron y nos empezaron a cortar los servicios públicos.

Jamás me ayudó a cubrir los gastos de los niños, quienes estaban todavía en edad de tomar leche en polvo y de usar pañales. Hasta que me fui a Bienestar Familiar para pedir una conciliación del aporte económico que él, como padre, debía hacer. No logré mayor cosa porque Lucas no hizo más que quejarse de su falta de dinero.

Es decir que yo, además del proceso, tenía que responder por todos los gastos de la casa, servicios médicos, alimentación, colegios, la niñera, control psicológico y psiquiátrico de los niños, la recreación, el vestuario y las vacaciones. Menos mal que cuando el gerente del noticiero en el que yo trabajaba, y para rematar mi infortunio, uno de los mejores amigos del padre de mis hijos me dejó sin trabajo, mi amiga Maricela Marulanda me dio la mano y hasta le compraba la ropa a los niños y me ayudaba a pagar las matrículas de los colegios.

Otra persona que me colaboró muchísimo fue mi abogada penal, María Ximena Castilla, quien antes de cancelar sus honorarios me decía que primero pagara los colegios y todas las cuentas de los pequeñines y que le diera lo que me quedara, si es que me quedaba algo.

El proceso continuaba su curso; yo, aunque no salía de mi sorpresa, seguía cumpliendo con las citas en la Fiscalía, en Medicina Legal, con los psicólogos y psiquiatras para la niña y trabajando para sostener el tren de gastos.

Luego de una cita con la doctora de Medicina Legal, quien por cierto me trató muy mal, salí tan impactada con la burla, la crueldad y la falta de profesionalismo de esta psiquiatra, que se me bajaron mucho las defensas y me dio una varicela que me sacó de circulación durante casi cuarenta días.

Mientras todo esto pasaba, yo mantenía el contacto con un sobrino de Lucas, quien me aconsejaba que no me durmiera sobre los laureles porque sus tías y su madre se reunían para planear la estrategia de lo que iban a declarar en la Fiscalía para dejarnos a mi mamá y a mí como unas locas e irresponsables.

La fiscal le dictó medida de aseguramiento y le dio detención domiciliaria al padre de mis hijos en la casa de su hermana Marina, donde precisamente vivían dos de sus sobrinitas; qué inteligentes, ¿verdad?

Luego el fiscal de segunda instancia, revocó la medida de aseguramiento sustentado en varias hipótesis y regañándome por haberme presentado a la Fiscalía a denunciar y a demandar, en lugar de haber hablado con mi esposo y con su familia sobre el descubrimiento.

El informe del examen físico practicado a mi hijita por Medicina Legal decía que el día lunes 27 de mayo de 2002 la niña había presentado dos eritemas leves en introito vaginal y una laceración perianal; la niña repetía y repetía que no le gustaba lo que su papá le hacía en su chichí, tenía pesadillas terribles y relacionadas con lo mismo, jugaba a lo mismo con sus Barbies; los psicólogos y psiquiatras expertos en abuso coincidían en que esto sí había pasado.

¿Entonces, qué camino me quedaba? Empecé a buscar explicaciones científicas, psicológicas, espirituales y mi cerebro todavía no procesaba lo que ocurría con un abusador sexual de niños que dejaba de ser el hombre responsable y buen padre que parecía ser, para dejarse llevar por su compulsión, igual a lo que le ocurre a un alcohólico o a un drogadicto, con el agravante de que no le importa el daño que se le hace a un niño o a una niña al que se le quita la inocencia. Y peor aún cuando es su propio progenitor el que lo agrede de esa manera, y en vez de respetarlo y protegerlo abusa de su confianza y de la fragilidad del menor.

Y aún ocurrió algo más que me entristeció mucho y que me indignó enormemente.

La pequeña, una semana después, les contó a mi mamá y a la señora que los cuidaba, que su papá también le quitaba la ropa al bebé, que le tocaba sus partes íntimas y el niño temblaba de frío. Apenas supe esto, me fui para la Fiscalía y le conté a la fiscal, quien de inmediato respondió: "Ay no, no compliquemos más este proceso, mejor dediquémonos a lo de la niña y ya, para no enredarnos más".

Salí aterrada porque la fiscal me había negado un examen que tal vez habría podido servir de aporte a la investigación que estaban adelantando.

Una noche, cuando llegué de trabajar, el portero me dijo: "Doña Martha, por aquí estuvo hace un rato don Lucas, vino por la correspondencia y me pidió que la saludara de su parte y le dijera que muy pronto estarán todos juntos en el apartamento".

Inmediatamente pensé que, tal vez, Lucas había desobedecido la orden de detención domiciliaria y se había escapado de la casa de su hermana. Le pedí a mi amiga Marta Yolanda que me acompañara al primer abogado del caso, quien al enterarse de la noticia se enfureció y dijo que, a primera hora, él mismo iba a informarle a la Fiscalía lo que había ocurrido.

Cuál sería mi sorpresa al recibir, como a las nueve de la mañana, la llamada del abogado para contarme que lo que pasaba era que habían revocado la medida de aseguramiento y por eso Lucas estaba libre.

Días después, una colega y amiga me recomendó a la abogada más aguerrida en los temas de mujeres y de niños; se trataba de María Ximena Castilla, una mujer muy profesional, estudiosa, disciplinada y muy seria, que desde el primer momento me dijo que lo que yo debía hacer era dedicarme a darles a mis hijos todo el amor que estaban necesitando, a llevarlos a las terapias psicológicas y a trabajar, porque ella se iba a encargar del proceso. De pronto por ser mujer y por ser tan peleadora me sentí mucho mejor y además, me sentía protegida.

Las terapias de la niña continuaban; todas las semanas la llevaba al consultorio del doctor Jorge Tibocha, un psicólogo que trabajaba con el Instituto Colombiano de Bienestar Familiar y a donde nos remitió la misma Fiscalía. Todos los jueves, a las nueve de la mañana, la pequeñita se veía con su psicólogo de cabecera, asistió a más de veinte sesiones.

El doctor Tibocha era un hombre pulcro, respetuoso y muy conocedor del tema del abuso sexual infantil.

Durante este proceso la niña ha experimentado varios cambios, muy notorios para los adultos que conviven con ella. Inicialmente, antes del descubrimiento, expresaba mucho miedo hacia el papá y yo creía que eso se debía a que durante todo el día no lo veía; cuando Lucas llegaba a la casa a las 8:30 p.m., la niña se escondía detrás de una de mis piernas diciendo: "Papá asusta" y se iba para el apartamento de las abuelitas con su almohada y su cobija. La abuela y la bisabuela vivían en el mismo edificio.

La niña tenía muchas pesadillas, hasta tres por noche. Era incapaz de dormir sola. Todas las noches se pasaba a nuestra cama y cuando le escuché a mi hijita de tres años lo que el progenitor le hacía, de inmediato recordé que cuando estaba embarazada de mi segundo hijo, me levantaba al baño y descubría que mi esposo estaba en la cama de la niña y cuando me veía, me decía: "Es que la niña tenía susto y pesadillas y por eso vine a acompañarla". Como yo no sospechaba nada y no tenía prevenciones sobre ese tema, le creía.

Después del descubrimiento, en pleno tratamiento con uno de los psicólogos, cuando la niña hablaba de su padre siempre pedía ir al baño, pues por el solo hecho de que le preguntaran por él, a la pequeña le daban unas ganas fuertes de orinar, si es que alcanzaba a controlar sus esfínteres porque, a veces, no lo lograba. Con este especialista asignado por la Fiscalía tuvo veintiocho citas; el psicólogo declaró en el proceso, pero aunque trabajaba para el Instituto Colombiano de Bienestar Familiar y narró su experiencia con la menor, su testimonio tampoco sirvió de nada. Él, además, le contó a la fiscal que cuando le pedía a su pequeña paciente que hiciera en plastilina a cada uno de los integrantes de su familia y le expresara a cada uno lo que sentía o pensaba de ellos, cuando la niña llegaba a la figura del padre, la botaba al suelo y la pisoteaba diciendo que él era malo porque lo que le hacía le dolía.

Mientras tanto, en la casa, durante un buen tiempo, la niña seguía experimentando el estrés postraumático; contaba una y mil veces lo que su padre le hacía, se lo decía a mis amigas y a todo el que le preguntara cómo se encontraba. Al consultarle a su psiquiatra y a la psicóloga, ellas dijeron que era mejor que se desahogara, que era igual al duelo de un adulto que compartía su trauma con sus amigas, amigos y familiares, que era mejor dejarla hablar sin preguntarle.

La pequeña jugaba mucho con sus Barbies y el Ken. Poniéndole la voz al muñeco, decía: "Ven, métete a mi cama, quítate la pijama, no te va a dar frío y tranquila que no te va a doler". Eso lo repetía y lo repetía siempre en sus juegos; y la abuela, la niñera y yo la escuchábamos con gran dolor.

Aunque los días transcurrían con tensa calma y tratando de brindarle a los niños una buena calidad de vida, mucho amor y la atención necesaria con sus controles psiquiátricos y psicológicos, la niña seguía contando cosas que nos sorprendían, como cuando daba detalles de lo que el papá le hacía al bebé, y la ponía a ella a mirar, y las amenazas que recibía del progenitor si me contaba, o cuando le decía: "Tú eres mi diablita y yo soy tu diablo".

La tristeza y la búsqueda de respuestas me hacían sumirme en una especie de burbuja; no sabía si ese mecanismo me servía para alejarme del tema, para encerrarme o aislarme del dolor tan grande que sentía, o para disminuir el temor por el futuro de mis hijos y por la incertidumbre de un proceso que sabía que no marchaba bien debido a la ineptitud y el desconocimiento de los fiscales sobre el tema del abuso sexual infantil o peor aún, por la información que me llegaba de la probabilidad de la manipulación del proceso.

Cuando en junio de 2002 la niña empezó su tratamiento psicológico y psiquiátrico, pidió que le quitaran los portarretratos que tenían fotos del papá; dijo que se quería mudar del apartamento porque a veces recordaba los lugares en los que el papá le tocaba sus partes íntimas, el baño donde la encerraba y le apagaba la luz.

Continuamente me pide que me vuelva a casar, pero que me busque un hombre bueno, un hombre que la respete a ella y a su hermanito. Los psicólogos dicen que eso demuestra que la niña no siente miedo hacia el resto de los hombres, y que quiere que ellos y yo tengamos otra oportunidad de compartir la vida con un hombre normal.

Las pesadillas han desaparecido, en los juegos ya no repite lo que ella siempre ha dicho que le hacía su padre; es una niña alegre, con un desempeño académico sobresaliente, recibe clases de música y tiene muy buen oído y una voz espectacular. Se ve muy feliz y tiene una sonrisa hermosa y una belleza exótica, unos ojos muy expresivos y siempre la gente en la calle le pregunta si es libanesa.

Aunque la psicóloga recomendó una mascota para complementar la terapia, yo veía esa posibilidad como una complicación por todo lo que implica un perro o un gato y traté de suplir el requerimiento con peces o pájaros, pero la verdad, no funcionó. Hace poco les compré una perrita Schnauzer miniatura de color sal y pimienta y los niños están tan felices y tan entretenidos, que el aporte de la mascota en la casa ha sido muy valioso.

Aparentemente, la niña se ve tranquila, feliz y muy estudiosa, pero en su mente o en su corazón debe haber algo que le dispara el estrés postraumático, porque de vez en cuando siente nuevamente el miedo a estar sola, a dormir en su habitación, un pánico inmenso a la oscuridad. Cuando el episodio de la recaída aparece, la misma niña pide que la lleven a hablar con su psiquiatra y con su psicóloga.

El trabajo que hizo el doctor Tibocha con la niña fue muy importante, hasta tal punto que ahora, cuando ya han pasado varios años, la pequeña pide visitarlo en ciertos momentos porque ella necesita contarle sus cosas. Lo mismo ocurre con la psiquiatra Isabel Cuadros, con quien se reúne para expresarle sus inquietudes.

Es una lástima que a ninguno de estos dos profesionales les hayan creído en la Fiscalía, donde ignoraron el trabajo que habían hecho durante tanto tiempo con la niña.

Por su parte, Lucas seguía su vida con normalidad, sus rumbas, su trabajo, y jamás se preocupó por saber qué estaba pasando con sus hijos, qué tratamientos recibían y cómo evolucionaban. Tampoco se interesó por saber quién había atendido lo de las heridas que había encontrado Medicina Legal y mucho menos por enterarse del tratamiento y por saber si la niña había mejorado.

La defensora de familia del ICBF ordenó una medida de protección para los niños durante el proceso, que terminó con sentencia absolutoria por el presunto abuso sexual. La idea era no arriesgarlos.

La actitud indiferente de Lucas cuando le dijeron que no podía visitar a sus hijos me dolió mucho y me confirmó que lo que la niña decía sí había pasado, porque una persona inocente jamás hubiera permitido que lo separaran así de sus hijos.

En una ocasión, Lucas me mandó una carta donde decía textualmente: "...soy partidario ciento por ciento de que a la niña se la siga tratando como se lo está haciendo para que olvide esto...". Si él dice que es inocente y que esto no pasó, ¿por qué apoya que le hagan un tratamiento para que olvide lo que le hicieron? Ahora, si el abuso hacia su hija sí ocurrió y él no fue, ¿entonces quién fue? ¿Por qué no hace hasta lo imposible por averiguar quién le hizo esto a nuestra hija?

Mientras me enfrentaba a tantas y tantas cosas, no dejaba de darme vueltas en la cabeza la injusticia que la Fiscalía estaba cometiendo con mis hijos; y todo porque un fiscal de segunda instancia, machista, inconsciente y desconocedor del tema del abuso sexual infantil, aprovechaba hasta el más mínimo detalle para incriminarme y hacerme parecer como la bruja mala de la historia; y si no era yo era la niña, quien según él, podía tener fantasías sexuales con el progenitor. Es decir que las víctimas pasamos a ser las victimarias.

Yo sentía claramente que en la Fiscalía había una lucha de géneros muy marcada, porque mientras el proceso estuvo en manos de una fiscal (mujer), resolvieron proferir medida de aseguramiento contra Lucas, detención preventiva por las conductas punibles de acto sexual abusivo con incapacidad de resistir y agravado, además de incesto.

La funcionaria dijo en su providencia que en la entrevista la menor se mostró colaboradora, que su relato fue concreto y espontáneo; es más, escribió que "el testimonio de la menor ofreció credibilidad conforme a las reglas de la sana crítica del testimonio, pues fue dado de manera espontánea, libre, sin coacción alguna, coherente, se nota que en ningún momento ha sido influenciada por otras personas". Además, la fiscal dijo que para ella lo que tiene validez es el testimonio de la niña, pues fue la que vivió la experiencia y los tocamientos por parte de su padre y no lo narrado por el resto de personas, porque ellos no habían estado cuando todo ocurrió.

Yo no siento odio hacia mi ex esposo y padre de mis hijos por lo que hizo; siento inmenso dolor por esa enfermedad que lo llevó a hacerles daño a sus propios hijos. Me da tristeza ver nuestro proyecto de vida destruido, me duele descubrir que existe esa enfermedad y que los abusadores caigan en la tentación y no busquen ayuda, ni siquiera por salvar a sus hijos de ese trauma.

Siento pánico e incertidumbre por el futuro de mis pequeñitos, que aunque fueron traídos a este mundo con tanto amor, fueron víctimas de su propio padre, quien vulneró su integridad.

Gracias a Dios, al buen ejemplo que me dieron mi madre y mi abuela, y a esos genes de mujer frentera y valiente, me lancé a esta lucha desigual, con la tranquilidad de estar peleando por la verdad y por la justicia.

Sobre el abuso sexual infantil no conocía nada, absolutamente nada, pero he aprendido que si un niño relata que está siendo manoseado o que es víctima de abuso por parte de un adulto tenemos la obligación de creerle, de investigar, de denunciar y de proteger.

Jamás, por miedo o por temor al qué dirán, debemos quedarnos callados, porque de inmediato nos convertimos en cómplices de un delito que se ha soslayado por años, por siglos, y la cadena sigue aumentando porque cada vez hay más y más víctimas que repiten la misma historia unos años más tarde y con la complicidad de una sociedad y de unas autoridades que, supuestamente, deberían luchar por disminuir el maltrato del que son víctimas los hombres y mujeres del futuro.

Al reaccionar y tomar cartas en este lamentable asunto, al creerle al niño, al apoyarlo, al protegerlo de su agresor y al ponerlo en tratamiento con un experto en abuso sexual infantil, dicen los psicólogos y psiquiatras que hemos avanzado un 50% en la recuperación del niño.

Aunque la idea es brindarle a la víctima una vida normal, sin mencionarle lo que pasó y sin mencionarle al agresor, sí debemos escuchar con atención cada vez que el niño o niña quiera desahogarse y hablar una y otra vez sobre el tema. Para el niño es como cuando nosotros, los adultos, compartimos nuestras experiencias desagradables con la familia y con los amigos.

Hay que estar atentos a los cambios de comportamiento, a las pesadillas, a los miedos, porque se puede estar presentando una reactivación del estrés postraumático. En momentos como esos, el control con el especialista es obligatorio.

La mayoría de las personas y hasta los jueces y fiscales creen que, a medida que pasa el tiempo, las víctimas van olvidando lo que les ocurrió y eso no es cierto. Las investigaciones demuestran que, aparentemente, el trauma se ha superado. Pero si la víctima no ha recibido el tratamiento adecuado, esa huella del abuso queda guardada y en su edad adulta se puede seguir reactivando el estrés postraumático y pueden llegar a tener relaciones sexuales disfuncionales.

Después de cuatro años volví a ver al padre de mis hijos en una conciliación de visitas solicitada por él y llegó tan desubicado que la misma funcionaria le pidió que buscara ayuda, que iniciara un tratamiento, que se pusiera al día con sus obligaciones y que llamara a la psicóloga y a la psiquiatra de los niños para pedir información sobre la evolución del tratamiento.

Por ahora, yo me siento en la obligación de seguir dando esta pelea, simple y sencillamente para proteger a los niños de más agresiones o reclamos y quién sabe de qué más cosas de parte de su progenitor. Más adelante, cuando los niños estén más grandecitos, ya podrán defenderse y entonces ellos y su padre dialogarán sobre lo ocurrido y él tendrá que dar la cara y ellos podrán pedirle una explicación de su comportamiento. Y como la niña sí tiene claro lo que su papá le hizo, pues no sé qué hará él para justificar su irrespetuosa e irresponsable acción.

Finalmente, sólo Dios, la niña y Lucas saben lo que pasó, porque no hubo testigos y él se encontraba solo con los hijos cuando esto ocurrió.

Todo, absolutamente todo, indicaba que lo que la niña decía era la verdad; pero la actitud parcializada de la Fiscalía no permitió que dos niños más de los miles que denuncian cada año en este país tan aberrante delito, fueran escuchados y protegidos como se lo merecen.

El fallo terminó igual que el de otras niñas y madres, a quienes investigan más que al propio pedófilo, para ver si las inventoras de estas historias son ellas. Y como si fuera poco, llegan a pensar que las víctimas que claman justicia y protección, lo hacen por una venganza, por dinero o por mojigatería.

Después de denunciar públicamente la preclusión de un proceso que tenía el testimonio tan claro y contundente de la víctima y la prueba científica, me buscaron muchas mujeres que habían pasado por lo mismo o que estaban en pleno proceso; y es difícil de creer, pero a todas, varios años después de todo el desgaste psicológico, económico y espiritual les precluyeron de la misma manera que a mí. ¿Eso qué quiere decir? Que las mujeres y niñas colombianas que tenemos la valentía de denunciar este tipo de delitos somos unas sospechosas, y que si no existe la prueba reina de la desfloración estamos perdidas, porque nuestros testimonios y pruebas no sirven de nada.

Para comprender el grado de indefensión en que se encuentran las víctimas de abuso ante el sistema judicial en Colombia, y cuánto camino falta por recorrer para lograr un tratamiento justo de este problema, es importante que los lectores sepan qué ocurrió en esta historia cuando apareció el fiscal de segunda instancia (hombre). Primero, regañó a la fiscal (mujer) por haberse apresurado en su decisión de encerrar a Lucas. Dijo que le aterraba que en pleno siglo XXI existiera tanto prejuicio en el campo de la sexualidad y que se pretendió esclarecer por la vía penal una conducta que bien pudo ser aclarada por otros medios, dialogando la madre que hizo el descubrimiento de la mancha en el pañal con su esposo para saber qué pensaba él sobre el hecho, para conocer su opinión, ver qué actitud adoptaba ante el asunto y no varios días después, cuando ya lo había denunciado y se había judicializado el caso.

Mi pregunta es: ¿Será que sí hubiera podido llegar a algo hablándolo con Lucas o con su familia? Además, sin ir al examen médico, ¿qué clase de reclamo le iba a hacer sin tener la certeza de que la niña presentara alguna herida? Su adinerada familia de inmediato hubiese intervenido en el asunto para que me mantuviera callada, para proteger su apellido, su prestigio y sus empresas.

Yo, como dolida espectadora y como defensora de los derechos de los niños y de las niñas, le pregunto a la Fiscalía: ¿Por qué no adoptan una actitud coherente? Las campañas en los medios de comunicación dicen que si un niño nos cuenta que está siendo víctima de abuso debemos creerle y denunciar; pero si uno lo hace, corre el riesgo de que un fiscal lo regañe por acudir donde ellos.

Otra incoherencia: en la Fiscalía, la trabajadora social de la Unidad de Delitos Sexuales, me dijo que le colaborara a la Fiscalía con la investigación, que no le contara nada a mi esposo y luego el fiscal de segunda instancia dice que mi actitud de no contarle a mi pareja que había ido a la Fiscalía era sospechosa.

¿Entonces qué? ¿A quién se le obedece? ¿Quién tiene la razón? Lo único cierto es que una madre desconsolada, desubicada, no sólo por el descubrimiento, el dolor y el temor sino preocupada por la estabilidad emocional y la protección de sus hijos, sigue al pie de la letra las recomendaciones de los expertos y después, todo es usado en su contra y en contra de su hija.

¿O es que ya olvidaron los señores fiscales que "El Estado es responsable de condenar el delito y sancionarlo y no pretender que la conocedora del hecho se convierta en cómplice"? ¿Acaso los expertos en estos temas no son ellos? ¿Qué quería el fiscal de segunda instancia? ¿Que yo, Martha Ordóñez, me encargara de la investigación? ¿Que no llevara a la niña a un examen físico a Medicina Legal para que me dijeran si lo que la niña decía era cierto o no? ¿Será ingenuo o ignorante el fiscal o será que al igual que la mayoría es insensible ante este problema y la palabra de los niños no vale? ¿Piensa que todas las mujeres mentimos y montamos estas historias para separarnos?

Si usamos el sentido común para tratar de entender estos relatos, podemos ver que si los niños lo dicen, por algo es; que la función de los fiscales es escuchar a los menores, investigar, solicitar pruebas y apoyar a la víctima para que no vuelva a quedar en manos del presunto abusador; y aunque el abusador jamás lo reconozca y se defienda hasta con las uñas porque este es un delito vergonzante ante la sociedad, tenemos que tratar de ser más equilibrados.

Todo lo que dijo Medicina Legal sobre las heridas, lo que dijo el pediatra de los niños sobre mi excelente sentido de la responsabilidad con los controles, tratamientos y vacunas no importó, porque el sesgado fiscal de segunda instancia sólo tuvo en cuenta las declaraciones de las hermanas y la sobrina de Lucas, quienes por obvias razones estaban del lado de su familiar para salvarlo del carcelazo y, sobre todo, por salvar a su familia de la vergüenza social.

Las hermanas se pusieron de acuerdo para decir que yo le mantenía los genitales desaseados a los niños y el fiscal le dio prioridad a eso sin tener en cuenta que el pediatra y la profesora opinaban todo lo contrario.

En eso se basó la segunda instancia para decir que el desaseo le provocó picazón a la niña y al rascarse, ella misma se hizo las heridas, ¡y listo! La prueba científica de las heridas quedó por el suelo y lo que decía la niña sobre los tocamientos de su padre también, porque, según el fiscal, el relato de la menor podía deberse a las fantasías sexuales luego de ver escenas de sexo en la televisión o porque pudo haber visto a sus progenitores teniendo relaciones sexuales o porque mi mamá y yo pudimos implantar esa historia en la mente de la niña para que la contara.

Dijo el fiscal que en el casete en el que la niña contaba el abuso del que había sido objeto, había encontrado también una grabación de una fiesta de cumpleaños donde siempre el que aparecía con los niños era Lucas y jamás vio ahí a la progenitora, y que eso indicaba lo buen papá que era el señor y la ausencia de la madre. Ahí se nota de nuevo lo sesgado que estaba el fiscal, porque ni siquiera se le ocurrió pensar que yo era quien grababa y fotografiaba la fiesta de nuestros hijos.

Y volvemos a las contradicciones. La niña intentó hacer una deposición, digo intentó porque el dolor no le permitió hacerlo, y la doctora de Medicina Legal me dijo que lo poco de materia fecal que le quedaba no se lo limpiara para no maltratarla y para no traumatizarla más. Que ella le hacía el examen así y, de una vez, informaba lo sucedido. ¿Y qué dijo el fiscal? Pues que esa era la mejor prueba de que la progenitora no le aseaba los genitales a sus hijos y que por eso a la niña le había dado escozor, se había rascado y con sus uñas se había herido.

Entre la perversa mente del fiscal y la retorcida actitud del abogado del padre de mis hijos estábamos mis pequeñines y yo, expuestos a toda su malignidad y a un fallo que se veía venir. Un final en el que la víctima se convirtió en victimaria.

Mientras todas estas atrocidades ocurrían y la vida seguía su curso, yo presentaba una ambivalencia que me abrumaba. Extrañaba a mi marido, porque me hacía mucha falta ese ser humano con quien había planeado compartir el resto de mi vida y, por otra parte, me sentía responsable por la protección de mis hijos, por sacarlos adelante, por brindarles amor y buscar la manera de que olvidaran lo que la niña decía incansablemente sobre el abuso de su padre.

Por el amor que sentía por Lucas pude haberle creído a él y no a la niña, a sabiendas de que todo me indicaba que sí se había presentado el abuso. Hubiera podido ignorar lo que la niña me decía para no perder a mi pareja, para seguir contando con su apoyo económico y para evitarme problemas y seguir viviendo cómodamente; pero mi temperamento, mi rectitud y mis prioridades en la vida no me lo permitieron.

Cuando tomé el camino de creer y apoyar a mi hija, de poner en tratamiento a mis pequeñines y protegerlos como una leona, era obvio que iba a perder a mi marido y el apoyo de su familia y sabía que me exponía a muchos peligros por defender la verdad. Tomé ese camino, aunque ha sido muy difícil soñar con que se haga justicia, sacar adelante a mis hijos y ponerle el pecho a este asunto tan doloroso y complicado.

Durante casi tres años me sentí muy afectada como persona y como profesional. No tenía ganas de nada diferente a responder por la salud y el bienestar de mis hijos, pero en lo personal, me sentía aniquilada, con mi autoestima por el suelo, no sentía ganas de hacer nada que fuera sólo para mí.

Tampoco quería volver a formalizar una relación, porque aunque tenía pretendientes, no me sentía capaz de ofrecerles nada, porque no tenía tiempo para un novio y porque sentía una enorme prevención. Si mi esposo, padre de mis hijos, me había salido con esto, ¿qué podía esperar de un desconocido?

Salí con varios señores, pero cuando ellos me pedían formalizar la relación, yo huía porque no me sentía lista. Ahí fue cuando descubrí que yo también era una víctima de lo que había pasado entre mis hijos y mi esposo. El impacto y toda esa lucha me habían dejado una huella que hoy, cuatro años después, aunque he asistido a terapias, no he podido superar del todo.

Mi vida laboral y profesional también se vio muy afectada durante este proceso. Un día recibí una llamada en mi trabajo de una de mis cuñadas, quien me pidió que desistiera en la Fiscalía. Le dije que eso no se podía hacer, que el abuso sexual era un delito y ella me respondió:

—Pues muy sencillo Martha, deje de aportar pruebas.

—Pero es que yo no tengo pruebas, aquí lo único que hay es el testimonio de la niña y las heridas que le encontró Medicina Legal —le recordé.

—Pues deje de pelear y no aporte más pruebas para que la Fiscalía precluya por falta de pruebas. Sólo le advierto que si sigue dando esta pelea, la niña y usted van a sufrir mucho, porque nosotros le vamos a dar la vuelta al proceso y la vamos a contrademandar por falsa denuncia. Así que usted verá, pero si se tranquiliza, nosotros les podemos abrir a los niños una cuenta con mucho dinero —afirmó.

—Mire señora, su ofrecimiento me ofende, entienda que esto no es cuestión de dinero —le dije finalmente.

Y a partir de esa conversación, las hermanas de Lucas no volvieron a aparecer y ni se volvieron a comunicar; bueno, claro que una de ellas, esa misma tarde, llamó a mi mamá para decirle que ellas ya no iban a llamar más, que me dijera que de ahora en adelante iba a ser yo la que las iba a empezar a buscar.

Lo más curioso es que varios días después, el gerente del noticiero donde trabajaba, uno de los mejores amigos de infancia de Lucas, me llamó para darme una mala noticia.

—La junta del Noticiero se reunió en estos días y decidió que como estamos volados en gastos tenemos que reducir la nómina y nos toca empezar por liquidar a los periodistas que más ganan, y como tú eres una de ellas, pues lo siento —me informó.

—Ah bueno, si ya lo decidieron… —dije resignada.

—Sí, pero entiéndeme que nos preocupa mucho tu situación, el proceso, los gastos de los niños, de abogados y psicólogos; bueno, y los gastos de la casa, por supuesto.

—Ah no, tranquilo; pues, qué se puede hacer, ¿cierto?

—Pero como la idea es colaborarte y como faltan unos días para cumplirse la quincena, pues trabajas hasta hoy y te cancelamos los días que faltan como si los hubieras trabajado, ¿te parece?

Reconozco que salí de esa oficina con los cables cruzados, en mi disco duro estaban grabadas las amenazas de la hermana de Lucas y no sabía si esto formaba parte de lo mismo, para que en medio de mi desesperación tuviera que aceptar la indecorosa propuesta, o si de verdad el noticiero estaba mal.

Bueno, y si les preocupaba tanto mi situación, ¿por qué la socia de la empresa y madrina de mi hija permitió esto? ¿Por qué no buscó una alternativa antes de echarme a la calle? ¿Por qué me despidieron sin darme la mano y proponerme una renegociación del contrato para bajarme el sueldo?

¿Será que sí había gato encerrado en todo esto? ¿Será que una mujer tan emproblemada no le convenía a la empresa? ¿Será que laboralmente yo había cambiado? Y si era esto último, ¿por qué mi comadre no me aconsejó que me despabilara para que mi trabajo volviera a ser como antes?

La actitud de aquella "madrina modelo" me sorprendió, porque siempre había sido muy detallista con la niña y si por pura vergüenza no se atrevía a hablarme, nunca ha debido abandonar a su ahijada, quien a tan corta edad pasaba por una situación tan dolorosa; jamás se dio cuenta de que su indiferencia lo que hacía era aportar un duelo más a esta familia.

Me quedé sin trabajo, pero, por fortuna, llegué a una empresa donde me valoraron desde el principio, me ofrecieron un buen sueldo y, lo mejor de todo, donde me sentía inmensamente feliz porque cada día salía un poco más de la burbuja en la que estaba atrapada. Sentarme en esa cabina de radio me desconectaba de mis problemas y hasta había vuelto a comprender los chistes y me había reencontrado con ese lado divertido de la vida que había perdido de vista.

Quiero compartir con los lectores una experiencia que me decidió a dar la batalla en la plaza pública. Un día, mi madre me invitó a la Iglesia del Señor de Los Milagros. Allí tuve un interesante encuentro con Dios y le dije: "¿Por qué me pones contra la pared? ¿Qué es lo que quieres? ¿Por qué, si mi hija dice la verdad, no le creen? ¿Por qué permites que los malos triunfen de nuevo? Me estás obligando a hacer lo que no quiero hacer, a dar la cara y a denunciar públicamente la injusticia que la Fiscalía está cometiendo con mis hijos. ¿Qué es lo que quieres de mí Señor, qué es lo que quieres?".

En ese momento, sentí que lo que tenía que hacer era contar lo sucedido, y como mi caso ya estaba cerrado, empecé a luchar por los miles de niños y madres que estaban viviendo la misma tragedia y por quienes todavía se podía hacer algo.

Hablé en los medios de comunicación acerca de la injusticia que estaban cometiendo con mis hijos, el país se conmocionó y la solidaridad no se hizo esperar. Muchas madres con casos similares me empezaron a buscar y yo escuché sus historias y, con lo poco que sabía de estos casos, les recomendaba denunciar y hasta les colaboraba conectándolas con abogados, psicólogos y psiquiatras expertos en el tema del maltrato infantil.

Como enviada por Dios, apareció la Senadora de la República Alexandra Moreno Piraquive, quien después de leer mi historia en la *Revista Semana,* me propuso participar en un foro sobre abuso sexual infantil en pleno Capitolio.

El 18 de noviembre de 2004, a las nueve de la mañana, me convertí en la abanderada de la lucha contra el abuso sexual infantil en Colombia y aunque me dolía en el alma repetir y repetir ante las cámaras la historia, sentía que estaba denunciando una injusticia y pidiendo a gritos protección para mis hijos y para los miles de niños que eran dejados diariamente en manos de sus abusadores por la ineptitud de la justicia de nuestro país.

Al otro día, se dispararon las denuncias por abuso sexual infantil en el país y eso hizo que el tema se tomara los noticieros y periódicos de Colombia durante tres días seguidos.

Después de todas las manifestaciones de repudio hacia el maltrato infantil se me ocurrió organizar una marcha para protestar por el abuso sexual infantil, con lo que me ayudó la senadora Alexandra Moreno Piraquive, quien gracias a su movimiento político MIRA logró sacar adelante la idea y convertir en realidad mi sueño.

El sábado 23 de abril de 2005, marché en compañía de la senadora por toda la carrera séptima de Bogotá, hasta la plaza de Bolívar, acompañadas por unas quince mil personas; caía un diluvio tan impresionante, que teníamos el temor de que nuestros solidarios compatriotas abandonaran la caminata por culpa del mal clima, pero no importó, todos marcharon hasta el final con sus pancartas, carteleras, pendones y pasacalles empapados.

Nuestros vestidos estaban mojados, los vendedores ambulantes hicieron el negocio de la vida y no daban abasto vendiendo capas impermeables y sombrillas. El clima no podía ser peor, pero el calor humano y las ganas de todos de levantar su voz de rechazo contra el abuso sexual infantil era más fuerte que las inclemencias del tiempo.

Subirme a la tarima y ver la inmensa plaza de Bolívar llena, me daba la fuerza para seguir luchando por ese flagelo de nuestra sociedad que destruye la inocencia de los niños, que deja una huella imborrable en la mayoría de las víctimas y que por ser un delito vergonzante hace que miles de esposas y de familias se vuelvan cómplices y que se oculte con el silencio un acto enfermizo que nunca debió haber ocurrido.

Esa ley del silencio que ha imperado por años o por siglos, es la misma que hace que la cadena del abuso sexual infantil continúe *per secula seculórum*. Y esa cadena es la que siempre se debe tratar de romper porque, según los expertos, si se le cree al niño o a la niña cuando cuenta que un adulto —familiar, profesor, vecino o amigo cercano— está abusando de ellos, se ha avanzado en el 50% del tratamiento.

Obviamente, después de creerle al niño es necesario hacerle un examen físico y una valoración psicológica o psiquiátrica para descubrir hasta dónde se atrevió a llegar el presunto abusador y finalmente denunciar. Siempre hay que denunciar y dejar que las autoridades investiguen todo lo que puedan para apoyar a la víctima, pero sobre todo, para protegerla.

Esta protección debe ser oportuna y las diferentes instancias involucradas deben actuar coherentemente para garantizarla, para que no ocurran situaciones como la que evidenció esta anécdota que les voy a contar. Un día, llegué con mi amiga Catalina Gómez a un centro comercial de Bogotá, cuando me encontré de frente con una importante funcionaria de la Unidad de Delitos Sexuales de la Fiscalía quien, con cara de angustia, me preguntó:

—¿Y... los niños cómo están?

—Pues bien, ahí vamos todos tratando de salir adelante —le respondí.

—La he estado pensando mucho —me comentó.

—¿Verdad? No me diga... ¿y eso? —indagué.

—No, es que, ¿qué tal que el papá de sus hijos intente acercarse a ellos? ¿Se imagina el peligro?

—Sí, me imagino —afirmé.

—Por eso, le aconsejo que inicie un proceso de suspensión o privación de la patria potestad.

—¿Pero cómo puedo hacer eso si ustedes precluyeron el proceso por dudas y falta de pruebas? ¿Por qué no pensaron eso antes? —pregunté indignada.

—Bueno, no se duerma con eso Marthica, hable con su abogado —contestó rápidamente.

Quedé estupefacta. ¿Cómo podía estar preocupada por los niños a estas alturas? ¿Por qué cuando tuvo en sus manos el proceso no hizo algo para protegerlos? ¿Y por qué ahora sí siente que toca quitarle a Lucas la patria potestad? ¿Al fin qué? Si le produce tanto temor que él se acerque a los niños, ¿por qué no investigó más? ¿Por qué no sometieron a la mamá y al papá de Lucas a las torturas de tantas pruebas psicológicas como sí lo hicieron con la niña, con mi mamá y conmigo?

¿Y para qué sirvió todo eso? Si la misma doctora de Medicina Legal dijo en uno de sus informes que la niña era coherente con su relato, y aunque el tiempo había pasado ella seguía contando lo mismo, y que recomendaba no someterla a más entrevistas, declaraciones ni pruebas.

¿Por qué cuando Medicina Legal dijo en su informe que Lucas tenía un yo débil, que percibía al mundo vagamente, que presentaba incapacidad de controlar sus impulsos y una personalidad con rasgos esquizoides no hicieron algo para proteger a los niños?

Pero no todo ha sido malo ni trágico en estos años. He crecido como ser humano, he aprendido mucho sobre el tema del abuso sexual infantil en lo científico, lo psicológico, en lo legal y, lo más importante, he crecido como mamá.

A pesar de que mi coeficiente de adversidad era alto, gracias al ejemplo que me habían dado mi madre y mi abuela de no dejarme amilanar tan fácilmente por las adversidades y escuchándolas cada vez que tenía un problema, que todo esto pasaría también, tuve mis momentos de crisis. Me sentía cansada, me enfermaba con facilidad, bajó mi potencial creativo y mi capacidad de concentración.

Pero llegaba a la casa y con el efusivo saludo de mis hijos y sus sonrisas sinceras, desprevenidas y tiernas volvía a la realidad de tener la responsabilidad de vivir por ellos, de reír para ellos, de jugar y de reprenderlos cuando tocaba, porque la vida continuaba y porque no por esa amarga experiencia que habíamos vivido teníamos que seguir lamentándonos por el resto de nuestras vidas.

Y no por esa horrible vivencia tenían que recibir los niños un trato especial o de alcahuetería. Todo lo contrario, la psicóloga Gabriela Hermida, experta en abuso sexual infantil, les enseñó que a todos, sólo por el hecho de estar vivos, nos pasan cosas buenas y unas menos buenas que causan dolor, pero que siempre hay que aprender de esas experiencias, para mejorar y crecer. Y ellos así lo entendieron y así lo han asimilado.

Si comparamos esta situación con la naturaleza, veremos que es absolutamente cierto: los árboles necesitan las épocas de viento para mover su tronco y sus ramas; esa flexión hace circular la savia que, a la vez, sirve para que todas las ramas y las hojas se alimenten. Así es nuestra vida y así exactamente nos ocurrió a nosotros, que nos vimos enfrentados a un temporal que nos obligó a reaccionar, a buscar soluciones para autosanarnos y hasta para ayudar a los demás. Hoy en día nos sentimos fortalecidos espiritualmente y con una nueva actitud frente a la vida de crecimiento y de prosperidad.

Definitivamente, la mente es tan fuerte, que cuando quería sentirme víctima y sufrir sin descanso por mi situación y mi soledad, lo lograba. El futuro de mis hijos me preocupaba, pensar qué iba a ser de ellos si yo no estaba, si lograrían algún día sanar la herida, olvidar y perdonar; y mientras más importancia le daba a mis miedos, más me estancaba. Hasta que, un día, decidí parar en seco ese sufrimiento y dejar de pensar en por qué Lucas hizo eso con los niños, por qué no buscó ayuda, por qué no me contó lo que le pasaba.

Con ese cambio de actitud, y fortaleciéndome cada vez más y más, luego de hablar con expertos, de orar, de leer, de meditar y volver a visualizar mis sueños, todo empezó a cambiar radicalmente.

En la actualidad asesoro informalmente, a través del teléfono de mi casa, a mujeres que ya vivieron la traumática experiencia y a las que apenas empiezan este calvario.

Me ha llegado la información de muchos casos de abuso, historias que le ponen la piel de gallina a cualquiera, porque uno jamás creería que esto podría pasar, pero pasa; es la cruda y cruel realidad. Algunos de estos casos han sido incluidos en este libro y pueden ser leídos en las siguientes páginas.

Por ahora, espero que mi testimonio sirva para que quienes lo lean abran los ojos y sus corazones para, entre todos, luchar en contra del abuso sexual infantil.

# Segundo testimonio

## *La mujer en la que me convirtió el abuso*

Fui víctima de abuso sexual hace muchísimos años. Esta situación marcó tanto mi vida que "rayó mi disco duro", como se dijo en el XIII Congreso Colombiano de Prevención y Atención del maltrato infantil, organizado por la Asociación Afecto en el año 2005.

Actualmente, ayudo con la prevención de abuso sexual, a través de películas y charlas para niños pequeños, porque no quiero que ningún otro niño pase por todas las tristezas y vejámenes que tuve que soportar.

Las consecuencias posteriores también fueron bastante difíciles, lo que viví cuando era niña me ha perseguido por muchos años; todavía pienso, ¿por qué yo? ¿Qué ideas y sentimientos tendría mi abusador en su momento? Más adelante comentaré sobre estas dificultades.

Inicio mi historia personal, esperando que logre tocar los corazones de las personas impulsadas por estas pasiones tan bajas para que logren apaciguarse, puedan luchar contra esos sentimientos rudos que conducen a la violencia, y traten de regenerarse, de corregirse, de ser nobles, rectos, sublimes y de buscar ayuda.

Cuando era niña, aproximadamente a los cinco o seis años, dormía en la misma cama con una hermana menor. Una noche desperté y sentí que alguien me agarraba y tocaba mis partes íntimas; quedé paralizada, no hice nada, estaba muy oscuro y no sabía quién era. La noche siguiente, cambié de lugar con mi hermana y me ubiqué en el rincón, pensando que ya no iba a pasar nada, pero volvió el extraño visitante. Al observar con más detenimiento, vi que era mi papá, si así lo debo llamar después de lo ocurrido.

Porque, parafraseando a Fedor Dostoyevski, el papá es quien nos ha engendrado y se supone que nos ama, que no ha rehuido ningún sacrificio por nosotros, que nos ha atendido con angustia en las enfermedades de nuestra infancia, que ha sufrido para darnos la felicidad y sólo ha vivido para nuestras alegrías y nuestros éxitos. ¡Qué grandeza encierra la palabra padre cuando se trata de un padre verdadero! Pero en este caso es una verdadera vergüenza. No basta engendrar para ser padre; hace falta, además, merecer este nombre.

Cuando leí *Los hermanos Karamazov* y escuchaba la descripción anterior de un verdadero padre, mis lágrimas fluían sin ninguna dificultad. Qué triste haber tenido un padre así, a quien no le importó que fuera su hija la víctima de su perdición. Porque él fue un monstruo, un enemigo declarado.

Mi mamá trabajaba y salía muy temprano, yo pedía a gritos ir al colegio y alistaba mi maleta para que me llevaran. Cuando empecé a ir al colegio, en los días en que yo iba a estudiar, no había problema. Pero cuando estaba sola —y no sé por qué teniendo tres hermanas y un hermano— iba a buscarme. Me decía: "Eso no le va a doler", me compraba dulces, helados, chocolates, para que no dijera nada; me amenazaba diciéndome que si yo hablaba, mi mamá no me iba a creer, que él diría que todo era mentira.

No puedo recordar cuánto tiempo sucedió, pero sí recuerdo que él tenía unas señas con la boca y las manos, que sólo yo conocía y me angustiaban, así como en la campaña que apareció últimamente en televisión en Colombia, donde las manos y los dedos caminan.

Un día, camino al colegio, iba con la empleada doméstica y le conté lo que me estaba pasando; la noté triste, pero no pensé que iba a decirle a mi mamá. Al contarle ella a mi madre, ella me preguntó si era cierto lo que le había dicho la empleada. Se lo afirmé, le conté detalles, y no podía creerlo. Cuando llegó mi papá, mi mamá lo confrontó y él dijo: "Eso es mentira de esa niña, ella está inventando todo". Gritaba y me miraba con un odio que me producía miedo.

Después de ese día, mi mamá no habló nunca más de ese tema, ni para bien ni para mal, pero recuerdo que no volvió a dormir en el cuarto con su esposo.

Los años fueron pasando, yo permanecía en mi casa, aburrida. Le perdí totalmente el respeto a mi papá, cada vez que podía le gritaba, le decía groserías, lo chantajeaba. Un día estaba tan desesperada de esa vida que estaba llevando, que decidí irme de la casa, pero mi tía llamó a mi mamá y me fue a recoger; y continuó la tortura de vivir allí.

Yo era supremamente callada, reservada y tímida. En la adolescencia tuve novios, pero eran relaciones fuera de lo común, permitía que me acariciaran y me maltrataran, no ponía límites, siguieron abusando de mí.

En la universidad, cuando pasaba por los consultorios de psicología, intentaba entrar, pero una fuerza mayor me detenía y continuaba mi camino con los ojos llenos de lágrimas.

Para poder salir de mi hogar, pensé que la única solución era el matrimonio y sin pensarlo mucho, sin estar muy enamorada, acepté casarme.

El matrimonio habría podido ser la solución si la persona escogida me hubiera dado afecto, amor y comprensión; pero fue tortuoso y disfuncional. Permití que siguieran abusando de mí, emocional y físicamente; sólo sabía llorar, no tenía límites ni familiares, ni económicos, ni sexuales. Fueron muchos años en los que mi autoestima estaba en el menor grado.

Después de recibir una conferencia sobre la violencia y el abuso sexual, inicié una especialización que tenía que ver con la familia, encontré la solución, asistí a terapia individual con varios sicólogos y después de estar con las piernas rotas, pude volver a caminar y hasta correr. Se fue perdiendo el sentimiento de culpa y el concepto que tenía de mí misma fue cambiando notoriamente. De todas formas, hay momentos, circunstancias, eventos, lecturas que logran que mis lágrimas broten así no más.

Actualmente, continúo en terapia de grupo; allí siento que no soy la única, son muchos los casos que a diario se están presentando.

A través de los años, y de las terapias, he descubierto dos aspectos graves en mi vida. El primero, la dificultad para dormir plácidamente pensando que alguien me quiere hacer daño; me despierto con el más mínimo ruido. Y en segundo lugar, el deseo constante de reafirmar lo que hablo, pensando que lo que expreso no lo van a creer las personas y que debo demostrarlo con hechos firmes que logren confirmar que lo que estoy diciendo es verdad para asegurar que me crean.

El dolor que siento todavía es muy grande; necesito, como dije al inicio, trabajar por la causa, porque no son sólo los momentos en que se siente la violación, sino toda la macabra vida que se tiene que vivir y todas las lágrimas que se deben derramar para poder limpiar lo que se vivió en el interior de un hogar que se supone es el que forma, el que protege, el que ayuda a crecer, el que da el amor incondicional.

¡No más violaciones, no más abusos! Madres de familia, ¡alertas a los signos que muestran los abusadores! Porque cada niña o niño víctima de abuso sexual, es una vida que se trunca, un ser que, según las estadísticas, puede repetir la historia que vivió.

---

Este testimonio fue escrito por una de mis compañeras de apoyo de la Asociación Afecto.

# Tercer testimonio

## *Historia de una niñera*

Magdalena Rozo fue una mujer que desde su infancia mostraba que iba a ser una persona de carácter fuerte, rebelde, frentera y muy luchadora.

Durante su etapa escolar y universitaria se metió en problemas por hablar con la verdad a sus maestros y por promover protestas que pretendían luchar porque se hiciera justicia en casos aparentemente perdidos de sus compañeros.

Aunque su primer trabajo fue como secretaria de una importante industria cervecera, siempre pensó que esto le serviría como trabajo de vacaciones y que nunca, después de obtener su título profesional, iba a trabajar de empleada porque ella aspiraba a ser la dueña de una empresa.

Así fue. Magdalena logró rápidamente ser la propietaria de una gran compañía, condición que le permitía darse una vida de lujos y de placer y, lo más importante, de independencia absoluta. Por eso su vida en pareja no marchaba bien, porque se sentía autosuficiente y siempre dominaba a sus novios y eso la llevaba a una gran inestabilidad sentimental.

Pero ella, teniéndolo todo aparentemente, deseaba, como muchas mujeres, formar un hogar y tener una hija para darle todo y consentirla hasta el extremo. Como no encontraba ese hombre que le diera la talla, un día se levantó con la idea de conseguir un hombre guapo y muy culto para engendrar a esa hija con la que soñaba, pero no soportaba la idea de casarse o de compartir su espacio con una pareja.

Pero el tiempo pasaba sin resultados, ella ni quedaba embarazada de los hombres con los que salía, ni era fácil encontrar el hombre guapo y con clase que necesitaba para tener un bebé.

Su intención era quedar embarazada y perderse de la vida de aquel hombre. Finalmente, casi a sus cuarenta años, conoció a Ricardo, quedó embarazada y siguió al pie de la letra su plan. Pero como Ricardo estaba tan ilusionado con ella y ella no veía cómo quitárselo de encima, una mañana de domingo, después de compartir una noche de copas, una noche loca, como dice la canción, Magdalena aprovechó un detallito que muchos creerían insignificante, pero que a ella le pareció la oportunidad perfecta para sacar a Ricardo de su vida.

Ese domingo, a las ocho de la mañana, Ricardo cometió el gran error de su vida: pedirle a Magdalena que le preparara un delicioso café. Ella saltó de la cama como un resorte, pero no para atender el antojo de su amado, sino para recoger su ropa, el reloj y el teléfono móvil que había dejado sobre la mesa de noche y entregarle todo mientras decía: "Mira, Ricardo, yo no soy esclava de nadie, me ofende terriblemente que un domingo a estas horas, casi de madrugada, me pidas que me levante de mi cama para atenderte. Si quieres comer o tomar algo, levántate y prepáralo y si no te gusta, agarra tus cosas y vete".

Ricardo se vistió y salió de la lujosa casa de Magdalena sin entender la furia de su exótica y millonaria amante y sin comprender si todo eso había sido una pesadilla o una escena real.

Ricardo duró varios días llamando a Magdalena, pero ella nunca apareció; jamás la volvió a ver, él se fue de viaje y ella se dedicó a cuidar su embarazo y a gozar al máximo tan anhelado momento.

Nació la bebecita y Magdalena, feliz, la registró como madre soltera, le puso sus dos apellidos y se dedicó en cuerpo y alma a su única hija.

Le compraba la mejor ropa, la atendía el mejor pediatra de la ciudad y empezó a buscar a la mejor niñera del mundo; le recomendaron una que tenía más títulos que ella misma y cumplía el requisito de tener las mejores referencias y la experiencia del buen trato y el cuidado de los niños con quienes había trabajado.

Por fin encontró la niñera que andaba buscando por cielo, tierra y mar. Se trataba de una mujer muy preparada y lo mejor era la paciencia que les tenía a los pequeños.

Cuando la bebecita cumplió tres meses, Karina, la niñera, entró a trabajar. Y se veía tan serena y tan dedicada a la niña, que Magdalena se sentía feliz con el hallazgo.

Karina era impecable con el arreglo de las cosas y los juguetes de la bebé y ni hablar de las comidas; se veía a leguas que era una excelente niñera y a medida que transcurrían los meses, Magdalena confiaba más y más en ella. Hasta viajaba y dejaba a la niña con la empleada modelo con toda la tranquilidad del mundo.

La niña no se despegaba de Karina, el cariño era muy notorio e incluso la niña sufría cuando ella se iba de descanso los domingos o en vacaciones.

Pero la mamá de Magdalena le dijo en algún momento a su hija que, mientras ella estaba en la casa, Karina trataba a la pequeña muy bien, pero que cuando ella no estaba, Karina era otra, que gritaba a su hijita y la castigaba. Pero Magdalena se puso furiosa con su mamá y le dijo que eso era imposible de creer.

Luego, un hermano también se lo dijo. Magdalena dejó de hablarle porque estaba calumniando a la persona que mejor cuidaba a su hija. Ella no le creía porque pensaba que si eso fuera así, la niña le tendría miedo a la niñera.

Pasaba el tiempo y cada día el apego era más grande y hasta Magdalena sentía celos de la relación de su niña con la empleada, pero sabía que era mejor eso a que tratara mal a su pequeña.

La niña tenía ya cuatro años y, una noche, parecía que tenía pesadillas y dormida empezó a tocarse los genitales. Se rascaba y se rascaba sin parar y Magdalena, de inmediato, se puso a investigar lo que estaba pasando. Todo apuntaba a que su hija había entrado a esa etapa de exploración de sus genitales y no había que darle mayor trascendencia porque era absolutamente normal y pronto se le iba a pasar.

Un domingo, Magdalena invitó a almorzar a una gran amiga con sus hijos a un reconocido restaurante a las afueras de Bogotá. Allá, la niña se quejaba de dolor y de ardor en la vagina, pero no permitía que la mamá se le acercara sino que le pedía a la niñera que la rascara.

A Magdalena le pareció normal, por la confianza que había entre las dos, pero la amiga le dijo que eso no le había gustado, porque eso quería decir que en otras oportunidades la empleada le había tocado los genitales a la niña y que mejor acudiera a un médico, pues ese escozor podría deberse a una infección vaginal.

Esa noche, la niña se tocaba tan fuertemente sus partes íntimas mientras dormía, que Magdalena ya no sabía qué hacer y las palabras de su amiga resonaban como una grabación en su cerebro. Empezó a preguntarle a la niña por qué le pedía a Karina que le rascara los genitales cuando le picaba y la niña le contestó: "Está bien mamá, te voy a contar la verdad...".

Magdalena temblaba de los nervios y empezó a presionar y a preguntar tan insistentemente que la niña se bloqueó.

Magdalena no durmió en toda la noche, su corazón le decía que algo estaba pasando. A primera hora salió para el servicio de urgencias de una de las mejores clínicas de Colombia y los pediatras le dijeron que la niña tenía vaginitis, que le hiciera el tratamiento, que el himen estaba perfecto y que tuviera mucho cuidado con el aseo de la niña y con su ropa interior.

Empezó el tratamiento y la automanipulación de la niña seguía y las pesadillas iban en aumento. Magdalena le preguntaba a su hija muy nerviosa y llorando qué le pasaba, le pedía que le contara qué le habían hecho y la niña le dijo: "Mamita yo te cuento, pero prométeme que no vas a regañar a Karina...". Magdalena, de nuevo, se descontroló y la niña enmudeció.

Pasó toda una semana, hasta que al fin, la niña le dijo a su mamá: "Es que Karina me toca con un aparatico rosadito; bueno, con dos, porque son dos palos, uno grande y uno chiquito, son rosaditos y cuando le hunde un botón, el aparatico hace *bzzz*...".

Magdalena sintió que se moría, se descontroló, encontró el vibrador del que le había hablado la niña y empezó todo el proceso legal penal y traumático. En vista de que no había mucho qué hacer para juzgar a la victimaria, Magdalena prefirió irse del país para sacar a su hija de los lugares que le recordaran a la macabra niñera que había dañado su inocencia.

# Cuarto testimonio

## *Los viernes de Ángela y sus cuatro hijos*

Ángela era una mujer joven que vivía con sus padres y sus hermanas en un pueblo ubicado a cuarenta y cinco minutos de Bogotá. En una Semana Santa conoció a un muchacho que estaba de vacaciones en el pueblo y que desde que la vio le empezó a coquetear. Ella, ni corta ni perezosa, le siguió el juego porque se sintió atraída por su flaco y lanzado pretendiente.

Ángela hacía hasta lo imposible para verse con Juan; se escapaba de la misa, sacaba cualquier pretexto para salir de la casa y sus estrictos padres empezaron a sospechar que algo no andaba bien con su hija de catorce años.

El flechazo a primera vista fue tan grande que cuando se acabó la Semana Santa y Juan tuvo que regresar, se mantuvieron en contacto a través de cartas de amor que llegaban a donde una amiga de Ángela casi una vez por semana.

En diciembre Juan volvió al pueblo y el romance se fortaleció. En la Semana Santa del año siguiente, la dulce y cándida Ángela quedó embarazada y, al contarles a sus padres, buscaron a los padres del muchacho y les exigieron que su hijo respondiera por el niño que estaba por nacer.

Ángela y Juan se casaron cuando ella tenía quince años y él veinte; no pudieron seguir estudiando porque había que formar un hogar y a Juan le tocaba asumir todos los gastos. En total, tuvieron cuatro hijos varones.

Juan era muy machista y, gracias a sus compañeros de trabajo, se fue alcoholizando. Todos los viernes se iba de parranda y como los tragos lo ponían agresivo, llegaba a la casa a pelear con su mujer, hasta el punto de pegarle si ella lo esperaba despierta para reclamarle; aunque si estaba dormida también le pegaba, porque eso quería decir que él ya no le interesaba.

Siempre que llegaba borracho quería hacer el amor con Ángela y si ella se negaba la golpeaba. La situación se fue degenerando al punto que, tanto ella como los cuatro niños, le tenían pánico al último día de la semana y no podían hacer nada al respecto porque dependían económicamente de él. Ángela jamás había trabajado.

La locura de Juan había llegado al extremo de despertar a los niños los viernes en la noche y ponerlos en fila a ver lo que él le hacía a su madre: la golpeaba y la violaba delante de ellos porque, según él, para eso era para lo único que servían las mujeres, y para tener hijos, para lavar y planchar.

Meses más tarde, el espectáculo de los viernes iba adquiriendo tanta crueldad y degeneramiento, que después de dejar a su esposa como un guiñapo y casi inconsciente, les pedía a los niños que se desnudaran para que le mostraran lo bien dotados que los había hecho y para qué servían esos genitales en machos de verdad como él y sus cuatro hijos. Manoseaba a los niños, se masturbaba delante de ellos y, cada día, la creatividad de la tortura era más sofisticada y más llena de crueldad.

Dos años más tarde, Juan tuvo que hacer un viaje y, un sábado, los pequeños y Ángela recibieron la noticia de que, en una riña callejera en otra ciudad, Juan había sido asesinado a balazos porque, en medio de sus tragos, había sido muy vulgar con alguien que le había reclamado por mirar indecentemente a la mujer de otro hombre que, para su desgracia, resultó ser más violento que él.

La viuda, en medio del impacto de la noticia, sintió que se había hecho justicia y que aunque no sabía ganarse la vida se las iba a ingeniar para sacar adelante a sus muchachos que, al igual que ella, habían sido víctimas del maltrato, el alcoholismo y la locura de un ser que los trajo al mundo para torturarlos .

Ángela crió a sus hijos y les dio tanto amor que, aunque ellos no olvidan lo que ocurrió en sus primeros años de vida, la amarga experiencia de crecer en medio del maltrato les sirvió para darse cuenta de que la vida tenía dos caras y que como ya habían vivido la parte fea, ahora sólo les quedaba gozar todo lo bueno que les brindaba Dios y esta nueva etapa.

Los cuatro hijos de Ángela son unos profesionales correctos, que adoran a su madre, a sus esposas, respetan a sus hijos y odian el alcohol. De vez en cuando, recuerdan el maltrato de su padre pero, más que el dolor que sentían por lo que les hacía a ellos, sienten un inmenso dolor al recordar las golpizas que él le daba cada viernes a esa indefensa mujer que los había traído al mundo y que, por pánico, fue incapaz de denunciarlo.

# Quinto testimonio

## *La experiencia de Nora**

Nora Ramírez Cuevas es una mujer de treinta y siete años, originaria de la Ciudad de México; pertenece a una familia de clase media alta, ella es la tercera de cuatro hermanos: un hermano mayor, Ricardo, que ya falleció de leucemia; Alberto, que es el segundo, después Nora y una hermana menor, Laura; entre cada uno de ellos hay sólo dos años de edad de diferencia.

El padre de Nora es piloto y durante muchos años trabajó para el servicio del gobierno, hasta que cayó en prisión durante un año acusado de fraude. Nora menciona que su padre representaba el rol de padre proveedor, pero no fue un padre presente ni al que los hijos le tuvieran confianza.

Su madre se dedicaba al hogar y a sus hijos, padecía síntomas depresivos. Nora la describe como: "golpeadora, muy posesiva y autoritaria".

Nora, actualmente, está casada desde hace quince años y tiene tres hijos, dos varones de catorce y doce años; y una niña de seis años de edad.

Nora asiste a la consulta por depresión mayor y trastorno de ansiedad. A lo largo de su trabajo logoterapéutico, en un momento de crisis, en donde estaba a punto de tomar la decisión de divorciarse, aparece lo del abuso sexual del que fue víctima a los seis años por su abuelo paterno.

---

* Este testimonio fue aportado por la licenciada Aída del Río, logoterapeuta y orientadora familiar mexicana.

Nora narra que recuerda esta experiencia con imágenes efímeras.

Sus abuelos paternos eran originarios de Nayarit, Tepic. Su abuelo era ganadero, un tiempo parece ser que estuvo en prisión por problemas con la justicia. Nora lo describe como un hombre hosco y duro. Después de muchos años de casados, los abuelos deciden divorciarse. En esa época también el abuelo vive una pérdida de su hermano con el que trabajaba en la ganadería. A partir de ahí surgen los problemas económicos y termina en la ruina, es así como decide irse a vivir con uno de sus hijos, el papá de Nora.

Nora recuerda el día en que su padre les anuncia la llegada de su abuelo y el sentimiento que despierta en ella el saber su historia y lo mucho que había sufrido.

La primera impresión que menciona Nora al ver a su abuelo, fue la de un hombre campesino, hosco y serio, y muy parecido a su padre. Ella dice que su primera reacción fue abrazarlo y ser muy cariñosa, como lo era con su otro abuelo materno al que quería mucho y de quien recibía mucho cariño.

"Aunque era hosco y poco cariñoso, nos llevaba a la tienda a comprar galletas, dulces y a la que jalaba era a mí". Nora recuerda que le encantaban las pasticetas, unas galletas muy suavecitas que se deshacían en la boca, y su abuelo siempre se las compraba. En una ocasión, ella relata que fueron a casa de una tía y que, de regreso, venían en una camioneta toda la familia, sus papás y sus hermanos. Como ya era de noche, los niños venían medio adormilados. La mamá de Nora acostumbraba llevarles colchitas para taparlos. En la parte de adelante de la camioneta iba el papá manejando y el abuelo sosteniendo a Nora, quien venía medio dormida. El abuelo la iba cargando y la rodeaba con sus manos debajo de la colchita, cuando de repente ella sintió cómo bajó su mano para tocarle los genitales. Ella menciona que sintió raro y se movió, pero que venía adormilada. Ese fue el primer evento y se siguieron dando en forma más frecuente y con mayor intensidad, relata Nora. El abuelo aprovechaba cualquier momento para estar solo con ella, lo hacía cuando sus papás salían al supermercado, al banco, o su mamá estaba lavando. El abuelo ya tenía algunos meses viviendo con ellos y ya se había ganado el cariño y la confianza de todos, menciona Nora: "No sé qué vio en mí o si me percibió más vulnerable", porque al parecer no lo intentó con los otros hermanos. La manera de atraerla era decirle que vieran la televisión y también le compraba sus galletas favoritas.

Nora menciona que en varias ocasiones trató de que le diera las galletas e inmediatamente irse a jugar como lo hacían sus otros hermanos y no quedarse sola con él, pero él siempre le decía que se las comiera ahí, la cargaba en sus piernas, le daba la galleta y comenzaba a tocarla. "Yo me empezaba a sentir incómoda y me resistía, pero él me amenazaba con que si yo decía algo, empezaría a hacérselo a mis hermanos", relata Nora.

Nora, en una ocasión, le trató de decir a su mamá, y aunque no fue muy clara, ella preguntó que si era normal que su abuelo todo el tiempo la quisiera tapar con una colchita, aunque no hiciera frío, y que a ella no le gustaba y que había cosas que se le hacían raras. Su mamá le contestó que su abuelo la quería mucho y que lo que hacía por ella, era para protegerla; fue así como terminó el comentario.

Eran muchos los sentimientos que la embargaban: había dolor, tristeza y mucho sentimiento de culpa, pues se sentía sucia, según menciona Nora. Le daban algunas crisis de angustia, pues comenta que sudaba frío, tenía náuseas y mucho asco, sobre todo. Su mamá pensaba que tenía fiebre, pero Nora sabía que no era fiebre sino miedo, mucho miedo.

Los eventos se fueron intensificando, ya no sólo sucedían a medio día, mientras su mamá dormía la siesta y sus hermanos hacían la tarea o jugaban, sino también por la noche, a la hora de dormir, cuando el abuelo le decía a la mamá que si quería le ayudaba a dormir a las niñas y a contarles un cuento. Nora y Laura dormían juntas, pero casi siempre Laura se quedaba dormida primero que Nora y era ahí cuando el abuelo se acercaba a la cama, empezaba a manosearla e intentaba hasta besarla. Nora refiere que le causaba mucho asco y enojo y que no le permitía que la besara. En una ocasión recuerda que hasta lo arañó y le dijo que eso no lo volviera a hacer, que le daba asco. Él le comentó que no se preocupara, que algo inventaría para justificar ante los demás los rasguños, que iba a decir que se había cortado con el rastrillo, pero que no volviera a suceder, porque todo lo que él hacía con ella, era por amor. Además, constantemente le repetía que: "Algún día un hombre te va a tocar y es muy importante que vayas aprendiendo desde ahorita y qué mejor que lo aprendas conmigo". Nora advierte que, muy confundida, le preguntaba: "Entonces, ¿esto es lo que hacen los hombres?". "Sí", le respondía el abuelo: "Es que las mujeres sirven para esto". Y

Nora le decía: "Entonces yo no quiero ser mujer". "Pues ni modo", le respondía el abuelo. "Eso te tocó ser y qué mejor que sepas cómo defenderte de los hombres". Nora le preguntaba: "¿Cómo defenderme? Si yo no me puedo defender de ti". El abuelo insistía y le contestaba que de él no se tenía que defender, porque él se lo hacía por amor.

Nora recuerda que ninguna de las sensaciones que tuvo con él eran de placer sino de asco, de desagrado, por mucho que él le dijera que eran por amor.

Pasaron como dos meses de este continuo hostigamiento y abuso sexual, y un día Nora fue mucho más directa con su mamá y le dijo: "Oye mamá, fíjate que mi abuelo, cuando estamos viendo la tele, me toca la colinchi (como acostumbraban decirle en su casa al sexo de la mujer) y su mamá le dijo: "Ah, cómo crees. Tu abuelo te quiere y sería incapaz de hacer eso". Y como siempre estaba ocupada y con múltiples actividades, no le dio mayor importancia. Nora se quedó con una sensación de abandono. "Si mi mamá no me cree y no me quiere escuchar, ¿entonces quién?", se preguntaba.

Pasaron los meses y esta situación se tornaba insostenible e inaguantable. Nora empezaba a demostrar enojo y mayor resistencia; se ponía calzones y un short, para que se le hiciera cada vez más difícil, con la esperanza de que llegara alguien y los pudieran ver y la auxiliaran. Sin embargo, cuenta que el abuelo se enojaba al ver que ya no era tan fácil y empezaba a jalonearla a la fuerza y con coraje.

Nora asevera que era tanto su miedo que cuando la estaba tocando, ella sudaba frío, pero al mismo tiempo se paralizaba o se bloqueaba, pues no podía hacer nada, ni podía gritar.

Nora buscó ayuda de su hermano mayor, Ricardo, a quien le dijo que su abuelo la tocaba. Él le aconsejó que no se dejara. Ella, insistentemente, le pedía que viera la tele con ellos para que la protegiera. Su hermano Ricardo le llevaba dos años más, era un niño también y cuando podía la invitaba a jugar. Pero no siempre se podía, pues comenta Nora: "Era hombre y le gustaba jugar con sus amigos hombres y yo como mujer, a veces les estorbaba".

Los miedos se agudizaron, Nora empezó a sufrir de enuresis, se orinaba por las noches, se enfermaba seguido de las vías urinarias, se aguantaba mucho para ir al baño durante el día y por la noche no había control. Comenzó a manchar la ropa interior de flujo y le preguntó a su mamá si eso era normal; su mamá le dijo que probablemente iba a tener su primera menstruación, y Nora, sin saber qué era la menstruación, se quedó con esa respuesta de nueva cuenta insatisfecha.

A los ocho años, Nora tuvo su menstruación y nada cambió, siguió el abuso y el abuelo le decía que no importaba que se manchara, que era normal.

Finalmente, el abuelo regresó a su lugar de origen, Nayarit, a acabar de arreglar unos asuntos y durante esos dos años no se volvieron a ver.

Nora menciona que siguieron los miedos, aunque disminuyeron porque su abuelo ya no estaba presente. Dos años después regresa el abuelo a vivir con ellos, otra vez. Nora ya está mayor, más desarrollada y, evidentemente, ya tenía senos y su abuelo se los tocaba. Las sensaciones ya eran diferentes, refiere Nora, pues ya había excitación, por momentos.

Comenta Nora que ella quería que él siguiera, pero también que parara, y lo que más recuerda es que después de que la tocaba, ella se encerraba en el baño a llorar y llorar con mucho sentimiento de culpa.

Como Nora ya estaba mayor, menciona que ya podía evadir más los encuentros pues se buscaba actividades con sus amigas, invitaciones que le permitían estar fuera de casa. Recuerda que su abuelo trataba de influir en los permisos con su madre para que no la dejaran salir, argumentando que tenía tarea y que la debía terminar.

Era tanta la repulsión hacia el sexo opuesto de parte de Nora que, en ocasiones, ella llegó a pensar que le gustaban las mujeres, comenta. De hecho hubo una ocasión en que una amiga intentó tocarla y ella la rechazó.

En cuanto a cómo la amenazaba su abuelo, Nora dice que le decía: "Grita, nadie te va a oír, no hay nadie, tu mamá salió y no está ninguno de tus hermanos". A veces, comenta Nora, sufría menos dejándose que intentando gritar o resistiéndose.

Hace diez años, Nora disminuyó el tamaño de sus senos, pues dice que tenía mucho busto y era antiestético; ella es delgada y de estatura baja. Cuando relata esta experiencia, con lágrimas en los ojos, menciona que tomó la decisión de disminuir su tamaño, porque quería tirar a la basura esos senos sucios, que tanto fueron manoseados por su abuelo.

Actualmente le cuesta trabajo sentarse a ver televisión y disfrutar de algún programa sin pensar en muchas de esas escenas que siente que marcaron su vida y que siguen estando presentes en su mente y que la perturban.

A Nora se le dificulta tener una relación sexual satisfactoria, no siente orgasmo y experimenta una sensación de rechazo combinado con sentimiento de culpa. Tiene un esposo que la ama y la apoya en su proceso, y unos hijos que también la aman y la necesitan.

# TERCERA PARTE

# Cómo detectar
# si ha ocurrido abuso sexual

E L DIAGNÓSTICO DE ABUSO SEXUAL, como cualquier otro diagnóstico, debe ser hecho por los profesionales de la salud, especialmente por los pediatras, psiquiatras y psicólogos, quienes son los únicos profesionales autorizados para ello. Aunque parece una afirmación de Perogrullo, esto es muy importante, porque muchas veces las personas creen que cualquiera puede hacerlo, o confunden el nivel del derecho penal (probatorio) con el nivel de certeza diagnóstica que realizamos los profesionales de la salud. Como en cualquier otra enfermedad, el diagnóstico se basa fundamentalmente en la realización de una historia clínica cuidadosa, lo cual permite llegar a tener un nivel de certeza razonable. En la mayoría de los casos, el abuso sexual es una entidad crónica, repetitiva, que requiere, como primera instancia, la evaluación por un profesional de salud mental, psicólogo o psiquiatra, con entrenamiento en maltrato infantil.

Sin embargo, si ha ocurrido un evento reciente y el niño tiene alguna queja, es URGENTE llevarlo a la evaluación forense, porque la evidencia puede perderse si el examen se toma más de seis horas después de ocurrido el hecho, y también es urgente determinar si el niño requiere algún tipo de intervención médica urgente.

El signo más importante en el abuso sexual infantil, es que **el niño le diga a alguna persona de su confianza que alguien le ha tocado los genitales** o **lo ha obligado a estimular los genitales de un adulto**. Cuando se puede recoger la información directamente del niño, la probabilidad de que haya un abuso sexual es superior al 95%.

El relato del niño suele ser exacto, lo repite de la misma manera, puede contar detalles de las circunstancias de dónde y cómo ocurrió. La regla que debe aplicarse es que **lo primero que el niño dice es lo más cierto**, así nos parezca increíble; esto ha sido demostrado por múltiples investigaciones.

Vale la pena anotar que muchas veces el abuso ocurre en contextos difíciles de creer por varias razones; la primera, es que el abusador sabe que cuanto "más loca" e inverosímil sea la historia, menos credibilidad va a tener el relato del niño. La segunda, es que los abusadores tienen cierta predilección por realizar intentos de alto riesgo, porque encuentran emocionante y excitante el riesgo, o en algunos casos simplemente porque no pueden controlar sus impulsos sexuales. Tenemos casos en los cuales el abuso ocurrió en el baño de un centro comercial o de una clínica, en un parque, en un tren, o en el carro de la familia, cuando la madre estaba presente, pero dormida, etcétera.

Cabe también anotar que, en ocasiones, los testimonios de los niños pueden parecer inconsistentes para personas que no conocen el tipo de pensamiento concreto que los niños tienen normalmente antes de los ocho años, o porque cuentan distintos eventos de abuso y, por tanto, la persona que escucha cree que el niño está cambiando su versión, cuando en realidad sólo está contando distintos eventos de abuso. Algunas personas pueden olvidar la falta de estructuración del tiempo y del espacio en los niños pequeños, condición que hace muy difícil precisar la fecha del abuso y cuántas veces ocurrió. Igual cosa puede pasar cuando se pregunta de manera repetida la historia. El niño puede cambiar la respuesta, porque asume que si se lo vuelven a preguntar es porque dijo algo mal la primera vez o porque no debió haberlo contado.

Existen otros indicadores que pueden sugerir que hay que investigar la posibilidad de que haya ocurrido abuso sexual, especialmente para quien realiza la revisión del niño en una institución de salud:

- *Infecciones urinarias a repetición:* El niño puede presentar infecciones urinarias que no tienen una explicación médica razonable. A algunas de las madres de las niñas, el pediatra se conforma con regañarlas, por falta de aseo, sin investigar la posibilidad del abuso sexual, lo cual implica años sin protección y, por supuesto, mala práctica médica.

- *Dolor en el área genital o anal:* El dolor y la irritación se producen por la manipulación de los genitales del niño, que por supuesto, no lubrican y que se pueden contaminar fácilmente. Los abusadores pueden contaminar fácilmente los genitales al manipularlos. La penetración anal puede causar gran dolor y daño físico, incluida la ruptura del recto, con sangrado masivo.

- *Presencia de objetos extraños en ano o vagina:* Algunos abusadores introducen distintos tipos de objetos en los genitales y/o en el ano. Algún médico de un hospital de Bogotá nos refirió el caso de una niña, con un cuadro muy grave de abdomen agudo, por la introducción de un cepillo de dientes a través del fondo del saco vaginal al abdomen, durante un acto de abuso sexual.

- *Presencia de desgarros en el himen y la vagina:* Debe llevarse al niño lo más rápidamente a valoración por un médico, ojalá pediatra forense, que documente las lesiones con fotografías o dibujos precisos de lo que encuentra. En Colombia tenemos dificultades por la falta de conocimiento de los genitales de los niños de muchos médicos que realizan reconocimientos, así como por su falta de actualización en abuso sexual.

- *Presencia de cicatrices lineares sin vascularización en el himen:* Indican que el abuso ya no es de características agudas, que ha tenido tiempo de cicatrizar. La ausencia de hallazgos físicos no descarta que haya ocurrido la penetración. Los dictámenes forenses no pueden decir que no ocurrió el abuso, sólo pueden decir que no encuentran evidencia física del abuso, porque, como está demostrado en múltiples trabajos, los niños cicatrizan rápidamente y la cantidad de hímenes complacientes que permiten la penetración sin rasgarse es muy alta (Lambert, 2005).

- *Disminución del himen, himen circular con pérdida de la vascularización:* Indica que ha habido penetración sostenida.

- *Cicatrices en el ano, fuera de la línea media:* Las cicatrices en la línea media, pueden con mayor probabilidad, haberse producido por estreñimiento.

- *Enfermedad inflamatoria pélvica:* Las infecciones de transmisión sexual son características del abuso sexual, especialmente cuando el abusador es, además, promiscuo. Son definitivas en el diagnóstico, la gonorrea, la sífilis y el sida, salvo que la madre las tenga, situación que es muy fácil de descartar. Sin embargo, hay otras enfermedades que, sin ser definitivas, también son frecuentes en el abuso sexual, tales como los condilomas, el herpes genital, las bacteriosis inespecíficas a repetición, el ureoplasma, las tricomonas, etcétera.

- *Presencia de semen en la vagina* (espermatozoides, líquido seminal, fosfatasa ácida prostática).

- *Embarazo en preadolescentes:* Las preadolescentes embarazadas llegan con alguna frecuencia a los hospitales que generalmente tienen altos niveles de tecnología, por la complejidad que requiere su atención; sin embargo, raramente, según nuestra experiencia, se judicializan, obviando que el embarazo es una prueba indiscutible del abuso sexual de la niña y perdiéndose oportunidades preciosas para evitar otras posibles víctimas del mismo abusador. Sólo en la ciudad de Bogotá, cada año, hay alrededor de 445 embarazos en niñas menores de catorce años.

- *Comportamiento sexual inapropiado para la edad:* El niño se masturba en una edad en la que no es normal hacerlo y el comportamiento masturbatorio se muestra compulsivo y no se detiene ante los límites de los adultos; presenta lenguaje "sexualizado", que demuestra tener conocimientos sobre la sexualidad por encima de la edad de desarrollo y la experiencia exploratoria normal de los niños. Puede tener una disminución notable de los límites en su comportamiento, como besar o abrazar indiscriminadamente, y puede también tocar sexualizadamente a otros niños. Adicionalmente, puede exhibir un comportamiento abiertamente seductor para buscar atención o afecto de los adultos y tener reacciones exageradas frente a actividades normales como bañarse o ir al baño. Este comportamiento requiere siempre la evaluación por un profesional especializado, con conocimientos profundos en el desarrollo psicosexual de los niños y también en abuso sexual. Junto a la presencia del estrés postraumático (ver p. 78), es **el síntoma más importante** en el diagnóstico del abuso sexual. Si están presentes los dos, la posibilidad es mayor al 85% de que el niño haya sido víctima de abuso sexual.

- *Miedo excesivo a tener contacto con personas del sexo opuesto:* Los niños pueden desarrollar miedos a tener contacto con determinadas personas, dentro de las cuales puede estar el padre o padrastro abusador. Dolorosamente, pocas veces se le pregunta al niño por qué no quiere ver al adulto, por qué no quiere tener visitas con el padre y, en muchas ocasiones, se le obliga a tenerlas, sin la supervisión adecuada. Generalmente, se asume que la negativa del niño ha sido provocada por la madre o que es de naturaleza trivial.

## Comportamientos relacionados con el estrés:

- *Disturbios del sueño*: pesadillas, terrores nocturnos, miedo a la oscuridad, miedo a dormir solo, dificultades en iniciar el sueño, sueño interrumpido durante la noche.

Estos disturbios pueden correlacionar con la manera en la cual ocurre el abuso; por ejemplo, el niño puede tener miedo de dormirse si en la mitad de su sueño aparece el abusador. Típicamente, la pesadilla más frecuente que encontramos en los niños es de un monstruo que corre detrás de ellos y del cual no pueden escapar. No es difícil imaginar que el monstruo es el abusador y la imposibilidad de escapar es el atrapamiento en el cual el niño se encuentra.

- *Cambio en los hábitos alimenticios*: aumento o disminución del apetito, con cambios en el peso corporal.

- *Comportamientos regresivos*, tales como pérdida del control de esfínteres (enuresis, encopresis), chuparse el dedo, incapacidad de separarse de la madre, pataletas que antes no ocurrían.

- *Comportamiento hiperactivo, hipervigilancia, inseguridad:* El comportamiento hiperactivo y de hipervigilancia ocurre porque el niño siente que puede ser atacado permanentemente, neurofisiológicamente hay un aumento significativo de las catecolaminas (hormonas que aumentan en las situaciones de peligro). El comportamiento hiperactivo puede ser confundido con el Trastorno de Déficit de Atención, como de hecho lo hemos visto, sin que al neuropediatra o al psiquiatra infantil se le hubiera ocurrido preguntar la posibilidad de que la hiperactividad fuera debida al abuso sexual, dejando al niño medicado, pero expuesto a nuevos abusos.

- *Miedos o fobias extraños:* Ocurren generalmente por asociación perceptual del sitio o el contexto donde ocurre el abuso. Siempre que el niño tenga un miedo extraño, debe preguntarse la razón de este.

- *Comportamientos agresivos o francamente hostiles:* Algunos niños presentan hostilidad o agresividad franca en el colegio, que antes no tenían, incluso con sus propios amigos.

- *Quejas somáticas, sin una explicación física:* Típicamente presentan dolores de cabeza inexplicables o dolor abdominal, a los cuales no se les puede encontrar una causa física.

- *Cambios en el rendimiento académico:* Generalmente el rendimiento académico del niño decae gravemente, por todas las características y consecuencias descritas anteriormente; en casos excepcionales el rendimiento puede mejorar porque el niño se refugia en el estudio, única área en la cual se siente seguro.

- *Malas relaciones con los compañeros de clase:* Los niños pueden cambiar su comportamiento con los compañeros de clase, volviéndose muy agresivos física y verbalmente, golpeando e insultando a sus compañeros, como una forma de expresar la hostilidad que genera el abuso sexual.

- *Depresión, con o sin ideación de suicidio:* Es extremadamente doloroso encontrar a niños con ideación de suicidio, debido al abuso sexual. Recuerdo el caso de una niña, que saltó de un segundo piso, porque en su pensamiento concreto (tenía seis años) quería irse al cielo, un sitio donde, ella creía, no podría encontrarla el abusador. El riesgo aumenta en la adolescencia, cuando el niño tiene más capacidad de conseguir un veneno letal o idear un plan suicida que lo lesione seriamente. Los intentos o ideas suicidas de los niños deben tomarse en serio y realizarse un plan preventivo que incluya el trabajo psicoeducativo con la familia del niño. La depresión es la enfermedad mental más común en todos los casos de maltrato infantil y debe diagnosticarse adecuadamente y tratarse antes de que afecte todas las áreas de la vida del niño, incluida la escolaridad.

• *Síndrome de estrés postraumático* (CIE309.81; F43.1): Este trastorno aparece por lo menos en el 50% de los casos de abuso sexual de los niños. Consiste en que la persona, después de haber experimentado o presenciado uno o más acontecimientos caracterizados por muertes o amenazas para su integridad física o psíquica, responde con temor, desesperanza u horror intensos (en los niños estas respuestas pueden expresarse como comportamientos desestructurados o agitados). El acontecimiento traumático se reexperimenta persistentemente, a través de recuerdos del evento traumático, en los que se incluyen imágenes, pensamientos o percepciones, (en los niños pueden ocurrir juegos repetitivos, con el tema del trauma), se tienen sueños terroríficos de carácter recurrente y lo que se conoce como *flash back,* donde la persona cree estar otra vez en la situación traumática (los niños lo pueden escenificar, incluso). Existe asociado al recuerdo del evento traumático, gran malestar psicológico, así como un estado de irritación neuronal persistente. Las personas tratan de evitar todos los estímulos que les pudieran recordar el evento traumático, incluyendo la incapacidad para recordar alguna parte específica del evento; presentan obnubilación, sensaciones de desapego, desesperanza y síntomas de activación neuronal como incapacidad de conciliar el sueño, irritabilidad y ataques de rabia, dificultad de concentración, hipervigilancia, respuestas exageradas de sobresalto. Los síntomas se prolongan por más de un mes.

Este trastorno es bastante subdiagnosticado en nuestros países, aun cuando mi creencia es que es extremadamente frecuente y produce gran incapacidad en los niños. Sobra decir que este trastorno no puede ser producido, o como dirían algunos, "implantado" por la madre de ningún niño víctima de abuso, y se constituye en un hallazgo muy importante desde el punto de vista forense. Desde la reparación para la víctima, es vital su correcto diagnóstico y tratamiento, porque puede afectar seriamente la cotidianidad del niño, su emocionalidad y, por supuesto, su rendimiento escolar.

- *Comportamiento delictivo:* Surge por la incapacidad de formación de la ética en los niños que son victimizados, pero también porque, en el abuso, se rompe la formación de lo que entendemos como normas o límites, al romperse los límites psíquicos y físicos del niño.

- *Huidas de la casa:* Aparecen cuando el niño ya ha crecido lo suficiente, para irse de la casa como una defensa frente al abuso. Son típicas cuando el padre intenta restringir la actividad social o sexual de la hija, en el caso del incesto.

- *Promiscuidad en los adolescentes:* El comportamiento promiscuo en los adolescentes puede establecerse como una consecuencia de la victimización sexual, síntoma que generalmente no es entendido, sino al contrario, penalizado severamente. En muchos casos, el comportamiento promiscuo se acompaña de falta de cuidado en el ejercicio de la sexualidad, con consecuencias funestas para el niño, como el contagio de enfermedades venéreas, siendo especialmente grave el contagio del sida.

- *Consumo de sustancias psicoactivas y drogadicción:* Aparece cuando de manera accidental o intencional el niño descubre que algunas de las drogas, especialmente el alcohol, le disminuyen en forma transitoria el malestar psicológico.

No en balde fracasan los programas de prevención de la drogadicción que no toman en consideración las implicaciones del maltrato infantil en la formación de las adicciones.

• *Erotización inadecuada de las relaciones sociales:* La víctima puede desarrollar lenguaje sexualizado, comportamientos seductores en un contexto inadecuado, como el trabajo, la escuela, o una situación de salud, llevando a nuevos abusos al niño, que generalmente no es consciente de su comportamiento provocador. En algunos abusadores, en la fase final de la transición víctima-victimario, es común el uso de lenguaje sexualizado, lo cual debe alertar siempre de que estemos frente a un abusador sexual.

• *Baja autoestima:* De acuerdo con el concepto de John Briere, los niños víctimas de maltrato sólo pueden desarrollar dos ideas frente a la victimización, lo que se conoce como la dicotomía del pensamiento en el abuso: o "yo soy malo" o "mi padre o madre, son malos". Los niños piensan también, como lo refuerza la cultura, que el castigo es equivalente al crimen y que los adultos siempre tienen la razón, y que el castigo es "por mi propio bien", de forma que en la mayoría de los casos, el maltrato simplemente destruye la autoestima del niño.

• *Dibujos de la figura humana con genitales:* El dibujo de la figura humana puede dar indicadores de que ha ocurrido un abuso sexual del niño. Los niños víctimas dibujan con una probabilidad mayor los genitales en la figura humana (Hibard & Hartaman). A veces sólo dibujan la cabeza o ésta es demasiado grande (mayor a ¼ de la figura completa). El análisis de los dibujos debe reservarse a psicólogos o psiquiatras con entrenamiento profundo en el análisis de este tipo de prueba.

Cabe anotar, que por algunas razones no totalmente claras en la literatura científica, un niño podría no tener síntomas aparentes en el momento del examen psiquiátrico y aun así haber sido víctima de abuso. Es decir, la ausencia de síntomas detectables *no* descarta la posibilidad de que haya ocurrido el abuso.

## Mitos comunes acerca del abuso sexual

- *"El abuso sexual ocurre en sitios extraños"*: El abuso sexual generalmente ocurre en la propia cama del niño, en su colegio o en sitios donde el niño está habitualmente.

- *"Los niños provocan el abuso"*: Los niños nunca provocan el abuso. El adulto es responsable del ejercicio y control de su sexualidad.

- *"El abuso sexual ocurre sólo en adolescentes"*: La gran mayoría de los niños que son víctimas de abuso lo son antes de los doce años. El abusador sabe que cuanto más pequeño es el niño, más fácil es convertirlo en víctima y menos posibilidades hay de que cuente el abuso.

- *"Los abusadores sexuales son personas normales"*: Como hemos descrito antes, excitarse sexualmente con un niño es una categoría diagnóstica de pedofilia, descrita dentro del capítulo de la parafilias, en psiquiatría. El diagnóstico psiquiátrico y la clasificación de una patología son una actividad exclusiva de los psiquiatras y psicólogos, no de los abogados.

- *"Los abusadores sexuales están psicóticos"*: La mayor parte de los abusadores sexuales no están psicóticos, son responsables de sus actos; sólo un porcentaje muy pequeño están diagnosticados como esquizofrénicos o enfermos maniaco-depresivos. Esto no quiere decir que no sean enfermos mentales graves, pero sus actos les son perfectamente imputables.

- *"Los abusadores sexuales no son responsables de sus actos"*: En la mayoría de los casos, el abusador sexual está perfectamente consciente de que al abusar del niño está rompiendo un tabú cultural y, por supuesto, de que está infringiendo la ley; esto se prueba porque ocultan el acto y comprometen al niño a guardar el secreto, generalmente con amenazas de lo que podría pasar si el niño revela el abuso.

- *"Las madres del niño víctima de abuso sexual siempre son cómplices"*: Las madres de los niños y niñas víctimas de abuso sexual no son una población uniforme. La mayoría no se dan cuenta a tiempo de que el abuso sexual está ocurriendo, por muchas razones. La primera, porque tienen confianza en el hombre que es su marido o compañero; la segunda, porque tienen mecanismos de defensa que les impiden darse cuenta de una realidad tremendamente dolorosa; la tercera, porque la mayoría de las personas, infortunadamente, no tiene suficiente conocimiento sobre la dinámica del abuso sexual, lo cual impide que tomen acciones al respecto.

Las madres entran en un conflicto muy grave entre su función familiar de mediadoras del conflicto y el interés del niño. En ocasiones, quedan congeladas entre el amor al niño y el amor a su compañero, incapaces de resolver el conflicto por sí mismas.

Recientemente han aparecido investigaciones que muestran que otra razón por la cual ciertas madres de los niños no protegen a sus hijos, es porque ellas mismas están siendo objeto de abuso físico serio e inclusive de victimización sexual al mismo tiempo que su hijo o hija, lo cual las deja en una muy pobre condición psicológica y, seguramente, en un estado de indefensión grave, que no permite que actúen para defenderse a sí mismas y al niño.

- *"Los abusadores sexuales siempre son hombres"*: Las mujeres también pueden abusar sexualmente tanto de niños pequeños como de preadolescentes y adolescentes. Estas mujeres generalmente se sitúan en cargos de cuidado de los niños, como niñeras o profesoras de niños pequeños. En general, están más perturbadas que los hombres y tienen en un porcentaje mayor rasgos de sadismo con el niño.

- *"El abuso sexual es un evento único y aislado":* El abuso sexual ocurre múltiples veces. Especialmente en el incesto puede repetirse a diario, porque el niño está permanentemente a disposición del padre abusador. De no mediar las instituciones de protección y de justicia, el abuso no va a parar por sí mismo. El abusador puede volver a abusar del niño, así tenga una demanda penal en curso.

- *"Las madres 'implantan' la idea del abuso sexual en el niño, para vengarse del abandono del marido o compañero":* Implantar una idea es muy difícil, porque lograr que el niño se aprenda todos los detalles necesarios para contar una historia coherente del evento abusivo, como si hiciera parte de su memoria, toma mucho tiempo. Es fácil preguntarle a cualquier profesor la dificultad de que los niños memoricen historias en el colegio. Lo que sí ocurre, es que la madre se ha separado del abusador por las mismas características abusivas de la personalidad de éste y en muchas ocasiones por las dificultades del abusador para ejercer una sexualidad normal con mujeres adultas, lo cual se vuelve un problema insoluble en el matrimonio.

    También, frecuentemente, ocurre que el niño reporta el abuso cuando la madre se ha separado del abusador y puede por fin sentirse seguro y protegido de sus amenazas y contar, ahora sí, el abuso sexual.

- *"La dinámica y la epidemiología del abuso sexual es distinta en Colombia"*: Una de las defensas más usadas tanto por la comunidad como por las personas del poder judicial, es decir que las distintas investigaciones, especialmente las realizadas en Estados Unidos (que es sin ninguna duda el país más avanzado en el mundo en la investigación científica del abuso sexual), no es cierta en nuestro país o en la comunidad a la cual pertenece el caso. La similitud de la dinámica del abuso sexual es sorprendente y la investigación que se realiza de acuerdo con los estándares científicos en otras partes del mundo es mucho más cercana a la realidad que las creencias u ocurrencias sin ninguna validación científica, que a veces se dan como ciertas o como pruebas en los procesos legales de los niños.

- *"Es fácil pasar de víctima de abuso sexual a victimario de los niños"*: La transición de víctima a victimario es extremadamente difícil, es decir, la mayor parte de las víctimas conservan este estado toda la vida, con enorme sufrimiento psíquico. La cantidad de víctimas que realizan la transición a victimarios no es mayor al 30 % de los niños victimizados; prueba de ello es que la mayoría de los niños víctimas de abuso sexual son de género femenino y la gran mayoría de los abusadores son de género masculino.

- *"La madre del niño víctima de abuso sexual requiere de una evaluación siquiátrica"*: Es de común ocurrencia en el sistema judicial colombiano, que se pida una evaluación siquiátrica a la madre que se atreve a poner una demanda. Muchas de ellas son revictimizadas, diagnosticándolas sin ninguna base seria con trastornos de personalidad histérica. ¿Podría imaginarse una situación igual, donde si usted pone una demanda porque lo robaron o atracaron, inmediatamente la Fiscalía pone en duda su condición mental y lo manda a evaluar para "estar seguros" de que usted no inventó el delito, por oscuras razones? Igual situación sucede cuando el niño le cuenta el abuso sexual a su abuela, situación bastante frecuente. La abuela es entonces enviada también a evaluación siquiátrica forense por creerle a su nieto.

- *"El abuso sexual puede manejarse sin apoyo externo"*: La mayoría de los abusos sexuales continúan, no importa si existe una demanda en curso o si la madre está enterada de la ocurrencia. El conocimiento social y judicial no es suficiente para detener el abuso. Es absolutamente necesario impedir el acceso del abusador a la víctima. Una sola frase del abusador sexual puede silenciar al niño para siempre, impidiendo el curso adecuado de la protección y el castigo al abusador. La protección de los niños depende, en gran medida, de que puedan contar el abuso y romper la orden de secreto que el abusador les impone.

- *"El abuso sexual se castiga"*: Aun en los países que llamamos desarrollados, el porcentaje que accede al conocimiento del sistema judicial es sólo del 5% (Rusel, 1984). Los abusadores sexuales saben que la posibilidad de que alguien se entere del abuso sexual es baja y la posibilidad de que los castiguen es aun menor. En palabras del juez Carlos Rozan Ski, pionero en el entendimiento penal del abuso sexual en Argentina, "la impunidad genera impunidad". Cuando el abusador comete el primer crimen, el hecho de no ser castigado refuerza la comisión de los delitos posteriores.

## Consecuencias del abuso sexual de los niños

Cada día está más claro en la literatura científica que el abuso sexual de los niños implica, en la mayoría de los casos, un impacto grave en la salud mental de la víctima y para su vida futura.

El abuso sexual implica, necesariamente, la violación de la corporalidad física y psíquica, y ante todo, en la mayoría de los casos (no en los de asalto sexual por personas desconocidas para el niño), la traición de la confianza, de la lealtad y la ruptura de la relación de protección que el adulto debe tener con su hijo, alumno o familiar.

Está claro que hay relación entre el haber sido víctima de abuso sexual y tener una probabilidad más alta en la edad adulta de deprimirse, de tener baja autoestima, dificultades severas en las relaciones interpersonales, especialmente en alcanzar intimidad con otra persona; también, por supuesto, la persona que ha sido víctima puede tener disfunciones de su sexualidad en un espectro muy amplio, desde evitar por completo el ejercicio de la sexualidad hasta mostrar un comportamiento sexual compulsivo y de cierta manera "adictivo" y promiscuo. Puede también presentar dificultades en la formación de la identidad, que van desde la personalidad múltiple o estados transitorios disociativos, donde se da un ruptura entre las funciones psíquicas de emociones, recuerdos, pensamientos y comportamiento, frecuentemente impidiendo que la persona se "conecte" con sus verdaderos sentimientos. Es decir, que al defenderse del dolor, también pierde la capacidad de sentir amor o placer.

El 50% de los niños víctimas de abuso sexual presentan estrés postraumático que, infortunadamente, en nuestro país, es diagnosticado rara vez, lo cual implica que la víctima soporte un sufrimiento permanente, porque no se le protege de los estímulos que evocan la respuesta traumática: la víctima reexperimenta la situación del abuso vívidamente, cuando se le expone a algún estímulo similar a los que sucedían simultáneamente a la ocurrencia del abuso, el más importante de los cuales es la visión del propio abusador, por supuesto. Muchas víctimas también presentan otros síntomas muy dolorosos, como el estado de hiperalerta, los sentimientos de tristeza o depresión, la incapacidad de concentración, las pesadillas y la evitación de estímulos asociados al abuso sexual.

Es importante tener muy claro que tanto el abuso sexual infantil, como el maltrato infantil, disminuyen la capacidad de aprendizaje de los niños, influyendo sobre su capacidad productiva cuando llegan a la vida adulta.

Al contrario de lo que es una creencia común, es realmente poco probable que una víctima se convierta en una persona abusadora. De hecho, la mayor parte de los abusadores son hombres, mientras la mayor parte de las víctimas son niñas. Algunos estudios sí demuestran que el tratamiento terapéutico disminuye la probabilidad de convertirse, al llegar a la adolescencia, en abusador. Sin embargo, mucho más allá de disminuir la probabilidad de que una víctima se convierta en abusador, sí creemos en un enfoque que privilegie la restitución de derechos de los niños y niñas; ellos tienen derecho a la reparación psíquica, que permita paliar el daño ocasionado por el abuso sexual.

## Prevención del abuso sexual

Lo primero que quiero decir, es que prevenir el abuso sexual puede resultar imposible, y esto es muy importante si quien está leyendo estas líneas es un padre o madre de un niño víctima de abuso sexual. Prevenir el abuso sexual resulta tan difícil porque los abusadores sexuales son, de cierta manera, "profesionales del abuso sexual", es decir, saben cómo cometer el delito, saben mentir sin ser detectados, saben ganarse la confianza de los adultos que están alrededor del niño y porque la mayoría de los seres humanos tenemos la tendencia natural a negar los hechos dolorosos o fuera de la normalidad. Cuando un niño dice que ha sido víctima de abuso sexual, la tendencia "natural" de los adultos es pensar: "no puede ser cierto", "fulano es tan correcto", "es que el niño inventa historias", "los niños tienen fantasías", "mi marido no puede haber hecho esto", "las mujeres nunca abusan de un niño", y muchas otras excusas que son las formas en que nuestra mente trata de no aceptar la realidad tan dolorosa y a veces macabra del abuso sexual de los niños. Además, los abusadores sexuales construyen intencionalmente "fachadas". Es decir, pueden tener una vida pública impecable, pueden estar casados y tener un trabajo estable y bien apreciado por la comunidad a la que pertenecen, lo que dificulta enormemente que se le crea al niño. Los abusadores sexuales son "profesionales" en el arte de mentir. Pueden negar el abuso, mostrarse indignados y aun atacar a la madre o adulto protector y, por supuesto, al terapista e incluso al abogado del niño, sin que, de ninguna manera, esto indique que el abuso no se cometió.

Los abusadores sexuales son "profesionales" en el arte de seducir a los niños. Como el lobo de Caperucita Roja, ellos saben exactamente que necesitan escuchar o creer a los niños. Buscan intencionalmente a los niños con más carencias de afecto y atención, los que son más fáciles de convencer, los que están en situación de vulnerabilidad por venir de familias infelices y que carecen de una figura protectora que pueda detectar rápidamente lo que puede denominarse el contexto preabuso o la fase donde el abusador está preparando el terreno con el niño para después abusar de él. En otros casos, amenazan severamente al niño, con frases como: "si cuentas esto, la familia puede destruirse y tú serías el culpable", "si cuentas esto, tu madre se muere", "si cuentas esto, te mato". Sobra decir que los niños más pequeños creen exactamente lo que las personas adultas les dicen, incluyendo al abusador.

En los casos de incesto, generalmente van despacio, de forma que la progresión entre las caricias normales en toda familia van avanzando lentamente al abuso sexual y a tocar los genitales del niño o estimularlos, lo que en general produce un estado de confusión grave en el niño.

Dicho esto, creo importante resaltar que nadie puede prevenir completamente el abuso, y cualquier niño, no importa su contexto familiar, puede estar en riesgo. Sí podemos, sin embargo, disminuir la probabilidad de que el niño sea victimizado.

Algunas sugerencias que pueden ayudar, son las siguientes:

- *Infórmese sobre el abuso sexual.* Un adulto informado, descubre antes el abuso sexual.

- *No confíe totalmente en ningún cuidador.* Se puede siempre utilizar lo que se conoce como la política de dos a uno. Es decir, nunca dejar un adulto y un niño solos. Siempre un adulto y dos niños o dos adultos y un niño. Esto inhibe al abusador, por la presencia de un posible testigo.

- *Verifique que la institución educativa* donde va a estudiar su hijo tiene programas preventivos del abuso sexual y política de protección integral.

- *Enseñe a su hijo las cosas básicas de educación sexual,* incluyendo que ningún adulto tiene derecho a tocarlo, si él no lo desea. (Salvo el médico, por una enfermedad y en presencia suya). También, enséñele que esta conducta está en contra de la ley.

- *En la vida familiar, permita que el niño exprese de manera asertiva y clara* sus necesidades y gustos. Esto le enseña a expresar claramente su molestia con los comportamientos de los adultos y sus distintas emociones.

- *Jamás penalice o castigue el hecho de que el niño diga la verdad* con relación a determinados eventos y, por ningún motivo, penalice la expresión de lo que el niño siente. Hacerlo produce que el niño aprenda a guardar sus sentimientos, por no sentir la familia como el receptor seguro, donde puede y debe expresarse.

- *Utilice una comunicación clara y asertiva al dirigirse al niño.* No fomente los secretos. Enséñele al niño que existen "secretos malos", que son aquellos que lo hacen sentirse mal o confundido y que debe reportar esta situación inmediatamente.

- *Fortalezca la autoestima del niño.* Dígale las cosas que hace bien y que se le quiere mucho, sin importar que el niño se equivoque.

- *Llame las partes del cuerpo por el nombre correcto.* No utilice nombres familiares e imprecisos; al utilizar los nombres anatómicamente correctos, el niño puede reportar más fácil si alguien lo toca en los genitales u otras partes del cuerpo que lo hagan sentir mal o incómodo.

- *No utilice jamás el castigo corporal.* Le enseña al niño que es lícito controlar por dolor al otro ser humano y le enseña que su cuerpo es "violable" al ser golpeado y que puede ser invadido por un adulto. Los niños que son castigados físicamente, reportan más tardíamente el abuso sexual porque temen ser golpeados.

- *Fortalezca que el niño haga preguntas acerca de las cosas que no entiende* o por las cuales siente curiosidad. Respóndale siempre, con lenguaje adecuado para su edad.

- *Trate de conocer a los amigos de su hijo y sus familias.*

- *No obligue jamás al niño a dar abrazos y besos* a familiares, especialmente si se siente incómodo o reporta molestia.

- *Enséñele a su hijo que jamás debe subirse al carro de una persona desconocida.* Una vez que se suba al carro, es un prisionero de quien conduce. Igualmente, enséñele que no acepte estar en un sitio a solas con personas que no conoce bien.

- *Enséñele a su hijo que su cuerpo le pertenece y obre consecuentemente con este principio.* (Especialmente en la comida y el uso de ropa, respete sus decisiones, dentro de un límite razonable y de conveniencia).

- *Permítale tomar decisiones de acuerdo con su edad.* Esto le va a servir si tiene que tomar una decisión en una situación de emergencia o en un contexto pre-abuso.

- *Enséñele que puede desobedecer si no está de acuerdo con lo que le ordenan o se siente confundido,* hasta que verifique con usted si la orden es adecuada o no.

- *Infórmese acerca de la ley y los diferentes servicios* en su comunidad para atender casos de abuso sexual.

- *Ayude a las organizaciones que trabajan en este tema.* Usted o alguien relacionado con usted puede llegar a necesitarlas.

Existen muchas ayudas como la excelente película *El árbol de Chicoca* de la organización mexicana Yaocíhuatl que enseña a través de títeres los conceptos básicos de prevención del abuso sexual, y muchas cartillas y cuentos que se les pueden leer a los niños desde temprana edad.

## Cómo actuar si su hijo o un niño cercano es víctima de abuso sexual

Lo más importante es creerle al niño, no importa lo inverosímil que sea para usted en ese momento la historia. Lo primero que el niño dice es siempre lo más cercano a lo que pasó. Mantenga la calma, por difícil que sea. El niño debe sentir que usted tiene control de la situación. Hágale preguntas abiertas, de la manera más neutral, sin inducir ni liderar ninguna respuesta. Preguntas como: "Cuéntame más", "¿Y luego qué pasó?", "¿Te hizo alguna amenaza?", "¿Había alguna persona más presente?", "¿Cuántas veces ocurrió lo que me estás contando?".

En la Asociación Afecto, recomendamos siempre que el caso sea evaluado por un profesional de salud mental capacitado y que si este profesional llega al diagnóstico de abuso sexual, el siguiente paso sea la denuncia ante la autoridad competente. Reconocemos, sin embargo, que el proceso legal es difícil y muchas veces implica varias situaciones traumáticas y muchas desilusiones. Sin embargo, creemos firmemente que debe hacerse, porque el Estado de derecho es la forma adecuada para mediar los conflictos entre los seres humanos y porque sabemos que el abusador, en la mayoría de los casos, no va a detenerse sin una mediación externa severa. Es conveniente contratar un abogado penalista que conozca sobre abuso sexual. En general, nuestra experiencia es que el sistema no se mueve sin que haya un abogado que conozca su funcionamiento y esté pendiente de lo que ocurre en las diferentes instancias.

No sobra decir que muchas madres o familiares quieren, en ocasiones, tomar justicia por propia mano. Creemos que esto es lo más lesivo que puede hacerse para el niño, además de ser éticamente incorrecto, pues el niño tiene que vivir con el trauma adicional de saber que su denuncia generó la muerte o el daño al abusador.

La capacidad de ser un aliado eficaz para el niño depende enteramente de atribuir con claridad toda la responsabilidad del abuso sexual al perpetrador y no a la víctima. (Sgroi, 1982)

Aconsejamos siempre imponer medidas de protección que impidan las visitas o contacto del abusador con la víctima. Una sola frase del abusador puede silenciar a una víctima para siempre; además, la vista del abusador es uno de los principales estímulos para desencadenar nuevamente los síntomas de estrés postraumático (ver p. 120) en el niño.

## Si usted conoce un caso de abuso sexual infantil... CRÉALO

O mejor, si usted conoce un niño o una niña que estén siendo víctimas de abuso sexual, tenga en cuenta las siguientes recomendaciones:

Primero, es necesario que usted mantenga la calma y pueda pensar en cuál es el mejor camino que debe tomar. Si el niño o la niña tiene algún vínculo afectivo con usted (si usted es el padre, la madre, el tío o la tía, el abuelito o la abuelita, o tiene algún parentesco y relación vincular con la víctima), lo primero que debe hacer es creer en la palabra del niño o de la niña e intentar poner un límite de contención a la confusión, a la rabia y al temor que pueden estar sintiendo en ese momento tanto usted como él (o ella). Abrácelo fuerte, con cariño y seguridad, y hágale sentir que usted está ahí para creerle, apoyarlo y protegerlo. Dígale que usted y otras personas van a hacer todo lo posible para que esa situación que está viviendo no vuelva a ocurrir.

Si usted es una persona que tiene un vínculo con el niño o la niña, pero no tiene una relación de consanguinidad o familiar (es un amigo o amiga, maestro o maestra, vecino o vecina, por ejemplo), debe creer también en la palabra del niño o la niña así le parezca fuera de contexto o inverosímil para su propia realidad o vivencia lo que el niño o la niña le está contando.

En el caso en que usted sea un operador u operadora de niñez (trabajador social, abogado, policía, médico, psiquiatra, psicólogo, enfermera), y se desempeñe en cualquiera de los roles designados por el sistema general de seguridad social en salud o por la legislación vigente, ya sea en el sistema forense, penal o de protección, deberá también creer en la palabra del niño o de la niña y tratarlo como la persona a quien todos (la familia, la sociedad y el Estado) hemos permitido que se vulneren sus derechos, tanto los consagrados en la Constitución Nacional de Colombia (1991)[1], como los consagrados en la Convención Internacional de los Derechos del Niño (1989)[2].

Recuerde siempre que la cualidad de víctima la tienen el niño o la niña, y no el agresor o la agresora, razón por la cual todo el esfuerzo deberá concentrarse en proteger a

---

[1]  Artículo 44

[2]  Artículo 19

esta víctima de nuevos abusos y en restituir sus derechos vulnerados, de acuerdo con los artículos 19 y 39 de la Convención Internacional de los Derechos del Niño.

Agotados el primer paso: "CREA EN LA PALABRA DEL NIÑO O DE LA NIÑA", y el segundo: "CÁLMESE, DEJE A UN LADO LOS PREJUICIOS Y BRINDE SEGURIDAD A LA VÍCTIMA", el tercer paso consiste en identificar cuál es la red tanto institucional como psicosocial que los rodea, para poder pedir ayuda.

Cuando se denuncia y notifica un caso de abuso sexual infantil se está pidiendo ayuda y al mismo tiempo haciendo pública una situación que vulnera la intimidad tanto del niño o de la niña como de la familia a la cual éste pertenece, motivos por los que es muy difícil y muy costoso (en lo social y en lo personal) iniciar y sostener un proceso de recuperación de la víctima y la familia, por un lado, y uno de tipo penal y legal por otro, sin contar con redes de apoyo.

El costo de denunciar y notificar el abuso sexual infantil se hace más llevadero en cuanto la persona que realiza la denuncia busca ayuda junto con el niño o la niña, y ambos cuentan con unas redes de apoyo psicosocial e institucional que cooperan en la búsqueda de la recuperación integral de la víctima y en asegurar que la situación de abuso no se vuelva a repetir con esta víctima ni con ningún otro niño o niña por parte del agresor o la agresora.

Dentro de la **red psicosocial** se encuentran aquellas personas conocidas, amigas o familiares, que están en capacidad de comprender que lo sucedido no es culpa ni responsabilidad del niño o de la niña y que están dispuestas a rodearlos, tanto a usted como a la víctima directa, a apoyarles, colaborarles y cooperarles en la solución del problema. Aquí vale la pena mencionar que una red de apoyo psicosocial es aquella en la cual nos sentimos queridos, amados, valorados, escuchados, validados y parte de un grupo de personas que tienen derechos pero también obligaciones. A esta red también debe pertenecer el niño o la niña que ha sido víctima. En caso de no existir explícitamente, será necesario comenzar a construirla, ya que el proceso de asunción, elaboración y recuperación del abuso sexual infantil se hace más fácil cuando existe esta red de personas.

La red institucional, por su parte, está conformada por organizaciones e instituciones, y dentro de ellas, por quienes allí laboran, tanto del gobierno como no gubernamentales, que están al alcance y disposición del niño o la niña, y que están en la obligación, ya sea por ley o por cumplimiento de objetivos misionales, de ayudarlos a usted, al niño o a la niña y a la familia a salir de la situación, a superarla y a garantizar que el abuso no vuelva a suceder. Son ellas las instituciones y organizaciones de los sectores educativo, de salud, de justicia y de protección.

Usted deberá hacer un listado, de acuerdo con la zona geográfica donde resida, de organizaciones con dirección y teléfono (y si es posible con alguna persona referente), que estén en capacidad (por ley o por cumplimiento de objetivos misionales), de ayudarlos y apoyarlos en el proceso de superar la situación que están viviendo. La recomendación es sectorizar el listado teniendo en cuenta:

## Sector educativo

- El colegio o la escuela donde estudia el niño o la niña (deberá identificarlo claramente, ya que es posible que para la recuperación del niño o niña víctima necesite del apoyo claro de las personas que conforman la comunidad educativa, encuéntrese allí o no el agresor o agresora).

- Otros colegios o escuelas aledaños donde, eventualmente, el niño o la niña pudiera continuar sus estudios.

- La estructura jerárquica de estos colegios, es decir, el organismo que los controla —dirección y teléfono— y a quiénes deben generar reportes de su desempeño legal y escolar en el municipio, localidad, corregimiento, inspección, vereda, ciudad o departamento —provincia— donde se encuentren; por ejemplo, conservar datos de la Secretaría de Educación Municipal, Procuraduría (CADEL para el caso de Bogotá D.C.).

## Sector salud

- El hospital o centro de salud (ya sea de primer, segundo, tercer o cuarto nivel de atención)[3] más cercano a su

---

[3]  El nivel de atención depende de la complejidad del centro hospitalario, de su capacidad, de sus equipos, de su tamaño, de su tecnología, de su organización y de sus objetivos de atención en salud.

casa, a la casa del niño o a la organización donde ustedes se encuentren (colegio o escuela, entre otras).

- En lo posible, ubique un hospital que cuente también con servicios en salud mental, donde un profesional pueda hacer una valoración inicial terapéutica ofrecer atención en crisis del niño o la niña y asumir parcial o totalmente su recuperación.

- La Empresa Prestadora de Servicios de Salud, EPS (para el caso de Colombia), o el servicio de seguridad social en salud a la cual el niño o la niña y su familia se encuentren afiliados.

- Organizaciones no gubernamentales que por convenio con organizaciones del Estado, o por cumplimiento de objetivos misionales, estén en capacidad de brindar atención terapéutica y ayudar a la recuperación del niño o la niña y de su familia (una de ellas es la Asociación Afecto contra el maltrato infantil, ubicada en Bogotá D.C., Colombia).

## Sector justicia

- La ubicación de la Inspección de Policía más cercana.
- La ubicación de las oficinas de la Fiscalía General de la Nación de su municipio o región, o de la Unidad de Reacción Inmediata URI de la Fiscalía. Para el caso de Bogotá D.C., la ubicación de la Unidad de Delitos Sexuales.
- La ubicación del juzgado penal más cercano.

- La ubicación del centro del Instituto Nacional de Medicina Legal más cercano.
- En países diferentes a Colombia es necesario ubicar los servicios legales, públicos o estatales que están en el deber de atender la problemática del abuso sexual infantil; en general: policía, jueces, instancias de denuncia, investigación y judicialización.

## Sector de protección

- La ubicación de la Comisaría de Familia en su localidad o región[4].
- La ubicación del Centro Zonal más cercano del Instituto Colombiano de Bienestar Familiar, ICBF, donde un defensor de familia deberá dictar una medida de protección para el niño o la niña, que impida que el abusador o abusadora sexual tenga nuevos contactos o contactos posteriores con la víctima.
- La ubicación de la Personería Local o Municipal en su región.
- La ubicación y, sobre todo, el número de teléfono de la Policía en su región[5].

---

[4]  Para el caso de la atención del abuso sexual infantil en Colombia, ubico a las Comisarías de Familia dentro del sector de protección debido a las potestades con que cuentan los comisarios para dictar medidas que protejan a la víctima contra nuevos abusos por parte del victimario, dejando la investigación y judicialización en manos de la Fiscalía General de la Nación.

[5]  En Colombia, en situaciones de emergencia, y para casos de maltrato infantil y abuso sexual infantil, quien más rápido responde a un llamado y puede proteger a la víctima en caso de emergencia es la Policía Nacional, a cualquier hora, en cualquier día.

- Los números de teléfono, nombre y dirección del procurador delegado para la Defensa del Menor y la Familia —Ministerio Público— asignado al departamento (provincia) donde habita el niño o la niña.
- La ubicación de la delegada de la Defensoría del pueblo más cercana.
- En países diferentes a Colombia es necesario ubicar dentro de la red institucional a aquellas instancias que pueden proteger legalmente a la víctima para impedir que el abusador la contacte y agreda nuevamente (Tribunales, Defensorías del Pueblo o de los Niños, entre otras).

La intervención adecuada del abuso sexual infantil es interdisciplinaria e intersectorial, y debe ser integral. Por una parte, debe asegurar y garantizar la recuperación y rehabilitación del niño o de la niña (los agresores y sus abogados jamás son conscientes de la severidad del daño que causan a la víctima), y por otra, debe poner a esos agresores fuera, en contextos lejanos a los niños y las niñas, donde las víctimas y posibles víctimas estén protegidas de su contacto.

Iniciar el recorrido para proteger y rehabilitar a un niño o a una niña —y dejar fuera al abusador, protegiendo a muchos niños y niñas— es un proceso dispendioso, pero no por ello imposible de lograr o menos importante.

La protección de los niños y las niñas es una función y una capacidad adulta, y la rehabilitación de una víctima de abuso sexual infantil se convierte, en este sentido, en un deber y en un imperativo ético. Se puede decir que es reparar el daño causado a la víctima y reparar la incapacidad que tuvieron los adultos que lo rodean, al no protegerle.

Debemos tener en cuenta también que cuando el agresor es otro niño o un adolescente, deberá iniciarse, inmediatamente al conocimiento de la situación, también el tratamiento terapéutico a este niño o a este adolescente, ya que las posibilidades de recuperación y rehabilitación con ellos se triplican frente a las posibilidades de rehabilitación de los agresores adultos.

A continuación, compartimos con el lector las competencias de cada uno de los sectores, instituciones y organizaciones de la red institucional en el abordaje e intervención de los casos de abuso sexual infantil y que están en la obligación de prestar apoyo y atención tanto a quien detecta, notifica y denuncia, como al niño o la niña víctima:

## Sector educativo

Sus competencias se enmarcan en proteger a los niños y las niñas de cualquier situación de abuso que pueda amenazarlos en los entornos educativos.

Este sector debe establecer una política de protección[6] clara, explícita y eficiente, al tiempo que conformar en las instituciones educativas (ya sean colegios, escuelas, espacios

---

[6]   Y una política de trato e interacción con los niños y las niñas que garantice unas relaciones sanas y sin maltrato en la comunidad educativa.

de reeducación, instituciones de protección) un comité de atención al maltrato y al abuso sexual infantil[7].

Es necesario que tanto maestros como directivas y personal administrativo y de servicios cumplan con la política de protección dentro de la institución educativa y que ésta cuente con docentes calificados, entrenados y capaces de desarrollar intervenciones, que enseñen a los niños las diferencias entre un contacto bueno y un contacto malo, a discriminar entre una situación abusiva y una no abusiva; docentes que estén en capacidad de enseñar a reconocer y a expresar sentimientos, que fomenten relaciones de confianza con los niños, las niñas y los jóvenes, de modo que éstos puedan reportar cualquier situación anormal o que les afecte, en un marco de respeto, escucha y comprensión, libres de temores y con la certeza de encontrar la ayuda buscada.

Las organizaciones educativas y la comunidad educativa en general son competentes para hacer detección precoz y temprana del abuso sexual infantil, sospechar de posibles situaciones abusivas con los niños, las niñas y los jóvenes y reportarlas, ya sea al sector salud (a través de una notificación) o al sector justicia (a través de una denuncia formal).

El personal de salud mental del establecimiento educativo (psicólogos, trabajadores sociales, orientadores) que se entrene, podrá proporcionar atención en crisis, si fuere

---

[7]  La Asociación Afecto presta asesoría en este aspecto.

necesario, antes de notificar al sector salud; pero su función no será diagnosticar ni tratar el abuso. Sus competencias están en la detección y en la referencia o remisión.

Las directivas y los departamentos de selección de personal de las instituciones educativas están en la obligación de solicitar a los aspirantes a cargos un certificado de antecedentes penales como requisito mínimo (no único), de confiabilidad.

## Sector salud

Su responsabilidad y competencia es atender y rehabilitar a las víctimas y a sus familias.

La organización de salud debe recibirlos y orientarlos, gestionar y brindar la atención en salud tanto física como mental al niño o a la niña víctima de abuso sexual infantil. A este sector le compete, inicialmente, atender la crisis y brindar servicios de urgencia, cuando éstos se requieran y, posteriormente, elaborar un *plan de atención integral y rehabilitación* del niño o de la niña y de su familia.

Es necesario que la institución de salud explique claramente a la familia la necesidad de desarrollar dicho plan de atención durante el tiempo que sea necesario, de acuerdo con la valoración tanto física como terapéutica inicial, estableciendo puntos de corte en los cronogramas para revisar conjuntamente la evolución del tratamiento. Recuerde que el apoyo de la red familiar es fundamental para la recuperación del niño o de la niña víctima de abuso sexual, y si dicho apoyo se complementa con una excelente atención en salud, la situación garantizaría la recuperación final de la víctima.

La organización en salud deberá, si no se ha hecho aún, orientar, gestionar y acompañar la instauración de la denuncia ante las autoridades judiciales correspondientes y articularse siempre con la intervención que hacen otros sectores (educación, justicia y protección), frente a la problemática que afecta a la víctima de abuso sexual infantil, a fin de asegurar la armónica y correcta atención y protección integral.

En este sentido, los sectores que intervienen en la situación deben estar todos del mismo lado, teniendo clara la prioridad de atender y proteger a la víctima niño-niña en el marco de los derechos consagrados en la Constitución Política de Colombia (Art. 44[8]), y en el marco de los de-

---

[8]  **Constitución Política de Colombia. - Art. 44:** Son derechos fundamentales de los niños: la vida, la integridad física, la salud y la seguridad social, la alimentación equilibrada, su nombre y nacionalidad, tener una familia y no ser separados de ella, el cuidado y amor, la educación y la cultura, la recreación y la libre expresión de su opinión. Serán protegidos contra toda forma de abandono, violencia física o moral, secuestro, venta, abuso sexual, explotación laboral o económica y trabajos riesgosos. Gozarán también de los demás derechos consagrados en la Constitución, en las leyes y en los tratados internacionales ratificados por Colombia.

La familia, la sociedad y el Estado tienen la obligación de asistir y proteger al niño para garantizar su desarrollo armónico e integral y el ejercicio pleno de sus derechos. Cualquier persona puede exigir de la autoridad competente su cumplimiento y la sanción de los infractores.

Los derechos de los niños prevalecen sobre los derechos de los demás.

rechos consagrados en la Convención Internacional de los Derechos del Niño[9] (Art. 19[10] y 39[11]).

Es muy importante que la familia no abandone el proceso terapéutico del niño o de la niña que ha sido víctima hasta tanto el profesional en salud mental haya hecho el cierre correspondiente y asegurado la recuperación total de la víctima de abuso sexual infantil.

Para ello, las instituciones de salud deben contar con personal idóneo, capacitado y entrenado en la atención y rehabilitación de niños y niñas víctimas de abuso sexual infantil y de sus familias; por ello es de su competencia sensibilizar y capacitar a los trabajadores de la salud en la atención del abuso sexual infantil.[12]

---

[9] Ratificada por el Congreso de la República de Colombia mediante la ley 12 de 1991. El Gobierno Nacional debe asegurar su aplicación y, debido a su condición de Ley, el país y sus habitantes deben cumplirla y respetarla. UNICEF (2005).

[10] **Convención Internacional de los Derechos del Niño. - Art. 19: 1.** Los Estados Partes adoptarán todas las medidas legislativas, administrativas, sociales y educativas apropiadas para proteger al niño contra toda forma de perjuicio o abuso físico o mental, descuido o trato negligente, malos tratos o explotación, incluido el abuso sexual, mientras el niño se encuentre bajo la custodia de los padres, de un representante legal o de cualquier otra persona que lo tenga a su cargo. 2. Esas medidas de protección deberían comprender, según corresponda, procedimientos eficaces para el establecimiento de programas sociales con objeto de proporcionar la asistencia necesaria al niño y a quienes cuidan de él, así como para otras formas de prevención y para la identificación, notificación, remisión a una institución, investigación, tratamiento y observación ulterior de los casos antes descritos de malos tratos al niño y, según corresponda, la intervención judicial.

[11] **Convención Internacional de los Derechos del Niño. - Art. 39:** Los Estados Partes adoptarán todas las medidas apropiadas para promover la recuperación física y psicológica y la reintegración social de todo niño víctima de: cualquier forma de abandono, explotación o abuso; tortura u otra forma de tratos o penas crueles, inhumanos o degradantes; o conflictos armados. Esa recuperación y reintegración se llevarán a cabo en un ambiente que fomente la salud, el respeto de sí mismo y la dignidad del niño.

[12] La Asociación Afecto contra el maltrato infantil brinda asesoría, capacitación y entrenamiento a organizaciones de salud, para la atención idónea y profesional del abuso sexual infantil.

Es competencia de las organizaciones de salud responder por el funcionamiento del sistema de información para el registro y vigilancia de casos de abuso sexual infantil y promover la identificación, registro y tratamiento de los mismos.

## Sectores de protección y justicia

Mientras el sector educación, la familia y la red de apoyo psicosocial de los niños y las niñas detectan y reportan el abuso sexual infantil, y el sector salud atiende y busca la recuperación de la víctima[13], el sector justicia es competente para investigar y sancionar el abuso sexual infantil y asegurar el restablecimiento de los derechos vulnerados de los niños y las niñas. De acuerdo con el artículo 113 de la Constitución Política de Colombia, "los diferentes órganos del Estado tienen funciones separadas pero colaboran armónicamente para la realización de sus fines"; en este caso, la protección y rehabilitación de la víctima (el abuso sexual inhabilita), la sanción para los agresores y la restitución de los derechos del niño.

Vale la pena aclarar que mientras avanza el proceso judicial en contra del agresor, es necesario avanzar en el proceso de protección de la víctima ante posibles nuevas

---

[13] Nuevamente se hace énfasis en que la recuperación y rehabilitación del abuso sexual infantil es dispendiosa y costosa tanto en términos económicos como psicosociales, a fin de disuadir tanto a victimarios como a sus abogados, y a algunos operadores de justicia, de que es fácil recuperar a una víctima; esto con el fin de evitar la posición cómoda de: "si alguien abusa, otro rehabilita al niño".

agresiones, y en el proceso de atención y rehabilitación en salud al niño o a la niña víctima. La protección de la víctima y la atención en salud no deben estar supeditadas al proceso judicial, el cual se debe ocupar exclusivamente de la investigación al agresor y de su sanción.

Ha sido una práctica de algunos operadores de justicia el conceder visitas legales a los agresores de los niños y niñas víctimas, sustentados en la falta de pruebas frente a la situación de abuso sexual vivida por el niño o la niña. El hecho de no encontrar pruebas no significa que éstas no existan o que el abuso no haya existido; es competencia del operador de justicia encontrarlas, por un lado, y no interferir con el proceso de protección de la víctima ante nuevas posibles agresiones, por el otro, con la concesión de prebendas al agresor. Se hace necesario recordar que "Los derechos de los niños prevalecen sobre los derechos de los demás".[14]

Estas son las competencias de las entidades y personas pertenecientes a los sectores de protección y justicia.

### Comisaría de Familia

Recibe las denuncias de abuso sexual infantil y las remite a la Fiscalía. El Comisario o Comisaría de familia tiene la facultad de tomar las medidas de emergencia y las acciones policivas que considere necesarias para proteger al niño y evitar la repetición de la situación de abuso, entre ellas el

---

[14]    Artículo 44 de la Constitución Política de Colombia.

allanamiento y la implantación de medidas de protección a la víctima. Entre estas últimas están:

- Ordena al agresor el desalojo del ámbito familiar, cuando su presencia constituya un riesgo para la víctima.
- Ordena al agresor no penetrar o ingresar a lugares donde se encuentre la víctima.
- Impide que los niños y las niñas sean trasladados, escondidos o raptados.
- Dispone que los involucrados acudan a tratamiento reeducativo y terapéutico.
- Ordena al agresor el pago a la víctima de daños o perjuicios causados por la agresión como medida de restitución.
- Ordena apoyo policivo a la víctima y a su familia de manera provisional.[15]

El comisario de familia es una figura decisiva para los niños y las niñas víctimas de abuso sexual, ya que la legislación vigente en Colombia a 2006 le concede la potestad de dictar y decidir su protección, inclusive antes del inicio del proceso de investigación y sanción al agresor por parte de los entes correspondientes. Su función es recibir la denuncia, referirla a la Fiscalía para investigación e inicio del proceso judicial y, sobre todo, **proteger a la víctima.**

[15] Tomado de: Diálogos, Especial Violencia Sexual. *Mapa de competencias institucionales frente a la violencia sexual.* Año II No. 13. Publicación mensual del Instituto Colombiano de Bienestar Familiar. Octubre de 2004. P. 9.

## Instituto Colombiano de Bienestar Familiar, ICBF

El ICBF es una institución de Servicio Público comprometida con la protección integral de la familia y, en especial, de la niñez. Coordina el Sistema Nacional de Bienestar Familiar y, como tal, propone e implementa políticas, presta asesoría y asistencia técnica y sociolegal a las comunidades y a las organizaciones públicas y privadas de los órdenes nacional y territorial[16].

El ICBF es la institución puntal de la atención a los niños y niñas víctimas de abuso sexual infantil y la que lidera la restitución de los derechos vulnerados. El defensor de familia, adscrito al ICBF, tiene la potestad y la obligación de tomar medidas de protección tendientes a evitar que el abuso sexual infantil continúe sucediendo y a garantizar la protección integral del niño o la niña víctimas. Adicionalmente, el ICBF como entidad rectora y coordinadora del Sistema Nacional de Bienestar Familiar[17] planea y organiza la acción del Estado para restituir los derechos vulnerados y garantizar la recuperación de las víctimas.

En la atención del abuso sexual infantil, el ICBF[18]:

[16]  Tomado del sitio web oficial del ICBF. Obtenido de la red mundial el 3 de julio de 2006: http://www.icbf.gov.co/espanol/general.asp.

[17]  Sistema administrativo conformado por organismos, instituciones, agencias o entidades públicas o privadas que, de acuerdo con su objeto de constitución, están legalmente autorizadas para prestar el servicio público de Bienestar Familiar o aquellas cuya ley o reglamento que las creó así lo establezca. En: http://www.icbf.gov.co/espanol/sistema_nal/sistema2.htm Obtenido de la red mundial el 3 de julio de 2006).

[18]  Ídem, Diálogos, p. 9.

- Toma medidas de protección de niños y niñas en situación de abuso o explotación sexual.
- Interviene en asuntos judiciales donde esté involucrado un menor de edad.
- Retira a los niños y las niñas del cuidado de sus padres cuando es necesario, y asigna custodia provisional o definitiva.
- El defensor de familia tiene todas las facultades para garantizar de manera integral la protección a un menor de edad víctima de abuso sexual. Las demás instituciones deben coordinar siempre con el ICBF.
- Garantiza el tratamiento terapéutico de todo niño o niña que lo requiera.
- Gestiona el tratamiento terapéutico de la familia que lo requiera.
- Hace el acompañamiento a los niños agredidos.

## Personerías municipales

De acuerdo con el Artículo 168 de la Ley 136 del 2 de Junio de 1994[19], en Colombia las personerías municipales y distritales son las entidades encargadas de ejercer el control administrativo en el municipio y cuentan con autonomía presupuestal y administrativa. Como tales, ejercerán las funciones del Ministerio Público que les confiere la

---

[19] En: http://www.anticorrupcion.gov.co/leyes/ley_136_94.doc Obtenido en la red mundial el 23 de julio de 2006).

Constitución Política y la ley, así como las que les delegue la Procuraduría General de la Nación.

De acuerdo con ello y con el artículo 118 de la Constitución Política de Colombia, a las personerías les corresponde, como Ministerio Público, la guarda y promoción de los derechos humanos, la protección del interés público y la vigilancia de la conducta oficial de quienes desempeñan funciones públicas.

Las personerías tienen la potestad, en los municipios, de vigilar y controlar que las intervenciones que realicen las entidades de los diferentes sectores, en los casos de abuso sexual infantil, estén ajustadas a la ley y a los tratados internacionales firmados y ratificados por Colombia; en este caso, a la Convención Internacional de los Derechos del Niño.

En el marco de la atención al abuso sexual infantil, las personerías municipales también[20]:

- Vigilan el respeto a los derechos humanos.
- Velan por los derechos de las víctimas.
- Promueven los derechos humanos.
- Acuden a las audiencias cuando la víctima sea un menor de edad, una persona con discapacidad o carezca de representante legal.

---

[20]  Ídem, Diálogos, p. 11.

## Policía Nacional

La Policía Nacional es una de las entidades con mayor compromiso institucional en la atención del maltrato infantil en Colombia. La disponibilidad de personal 24 horas y la cobertura a nivel nacional de sus unidades hacen que sea una de las primeras entidades a las cuales se puede recurrir en caso de emergencia. Estas son sus principales funciones en lo referente a la atención del abuso sexual infantil[21]:

- Investiga en el nivel nacional la identificación de autores y partícipes de delitos sexuales, incluida la trata de personas.
- Aprehende a los infractores de la ley penal.
- Recibe los casos identificados no denunciados formalmente, reportados por las instituciones para la correspondiente iniciativa investigativa.
- Adelanta labores investigativas requeridas para la obtención de pruebas y circunstancias de tiempo, modo y lugar, con el propósito de poner el caso en conocimiento del Fiscal, para su judicialización.
- Informa a las instituciones que identificaron casos sobre el trámite de los mismos.

Es primordial que los miembros de la Policía Nacional reciban entrenamiento en sospecha, detección y abordaje del abuso sexual infantil y en funciones de Policía Judicial

---

[21]  Ídem, Diálogos, p. 11.

que les permita recaudar las pruebas necesarias para judicializar a los agresores de niños, teniendo en cuenta siempre que no todas las formas de abuso sexual infantil dejan huellas en el cuerpo de los niños y las niñas, y que lo que dicen las víctimas es una prueba (testimonial) de los abusos cometidos por los victimarios.

## *Procuraduría General de la Nación*[22]

A través de su delegada para la Defensa del Menor y la Familia y de los procuradores judiciales en asuntos de familia, existentes en la mayoría de capitales de departamento (provincias), ejerce las funciones preventivas y de control de gestión, de protección y defensa de los derechos humanos y de intervención ante las autoridades administrativas y judiciales en los asuntos donde niños, niñas, mujeres, personas discapacitadas y la institución familiar se encuentren involucrados. La Procuraduría General de la Nación:

- Vigila el cumplimiento de las leyes.
- Protege los derechos humanos y asegura su efectividad.
- Defiende los intereses de la sociedad y los colectivos.
- Vigila la conducta de quienes ejercen funciones públicas.
- Investiga e impone sanciones disciplinarias.
- Coordina, con la Defensoría del Pueblo, la defensa

---

[22] Ídem.

de los derechos humanos y orienta la gestión de las personerías municipales.

## Defensoría del Pueblo

La Defensoría del Pueblo[23] es una institución del Estado colombiano responsable de impulsar la efectividad de los derechos humanos en el marco de un Estado social de derecho, democrático, participativo y pluralista, mediante las siguientes acciones integradas:

- Promoción y divulgación de los derechos humanos.
- Defensa y protección de los derechos humanos.
- Divulgación y promoción del derecho internacional humanitario.

## La Defensoría del Pueblo, en el abordaje del abuso sexual infantil[24]:

- Orienta e instruye a los colombianos y extranjeros en el ejercicio y defensa de los derechos.
- Divulga los derechos humanos y recomienda las políticas para su enseñanza.
- Invoca el derecho de hábeas corpus, acciones públicas y acciones de tutela.

---

[23]  Tomado del sitio web oficial de la Defensoría del Pueblo. Obtenido de la red mundial el 24 de julio de 2006. http://www.defensoria.org.co.

[24]  Ídem, Diálogos, p. 11.

- Organiza y dirige la Defensoría Pública.
- Orienta y apoya a los personeros municipales.
- Vigila que las víctimas tengan una atención adecuada por parte del Estado.

## *Consejo Superior de la Judicatura*[25]

Capacita y orienta la función judicial frente a la complejidad de los delitos sexuales, su naturaleza, la génesis sociocultural de la conducta, los efectos inmediatos y mediatos en víctimas y familias; ratifica la existencia e inexistencia de huellas físicas; hace la revisión y análisis de las pruebas y elementos de juicio para emitir un fallo no sólo en derecho sino justo; aplica las lecciones aprendidas en materia de investigación y valoración de estas conductas, entre otros.

## *Fiscalía General de la Nación*[26]

Es la entidad de la rama judicial que tiene a su cargo funciones de naturaleza constitucional y legal:

- Recibe las denuncias.
- Investiga los delitos. Se apoya en el Cuerpo Técnico de Investigación Judicial, CTI, que investiga tanto lo favorable como lo desfavorable del presunto agresor.

---

[25] Ídem.
[26] Ídem, p. 9.

- Acusa a los presuntos infractores ante los juzgados o tribunales competentes.
- Dispone la protección a las víctimas o testigos. En casos de violencia intrafamiliar (incluida la violencia sexual dentro de la familia), el Fiscal tiene la facultad para ordenar medidas de protección.

En el evento de conocer un caso de violencia sexual, el Fiscal encargado, después de proceder de oficio (tener conocimiento del hecho por fuentes diferentes a la denuncia formal), decide si hay o no mérito para abrir una investigación. Si a partir de la investigación se determina que hay delito, el Fiscal acusa al sindicado o responsable ante el juez penal.

La ley 360 / 97 dispone la creación de las Unidades Especializadas de Fiscalía con su Cuerpo Técnico de Investigación para los Delitos contra la Libertad Sexual y la Dignidad Humana (actualmente, delitos contra la libertad, la integridad y la formación sexual).

### Instituto Nacional de Medicina Legal y Ciencias Forenses[27]

- Realiza las pruebas periciales necesarias para la toma de decisiones en los procesos judiciales y de protección.
- Brinda información sobre los procedimientos a seguir.

---

[27] Ídem.

- Informa sobre los servicios disponibles para atender las necesidades derivadas del hecho punible.
- Remite a salud para atención de la patología física o psíquica que pueda derivarse del hecho, para el diagnóstico y tratamiento de infecciones de transmisión sexual y para la prevención de embarazo.
- Recopila la evidencia médico-legal.

ESCRIBIR ESTE LIBRO en compañía de Martha, fue toda una experiencia humana profunda, intensa y a la vez fructífera. Es reconocer cómo puede construirse desde la adversidad, cómo puede defenderse a un hijo aun en las condiciones más difíciles y sobretodo cómo podemos aprender que nuestra historia por trágica y difícil no es única. Es reconocer que a muchos otros niños y madres les ha ocurrido la misma tragedia. Es reconocer que los seres humanos distamos mucho de la imagen idealizada que tenemos de nosotros mismos, que somos capaces de maltratar aún a nuestros propios hijos, olvidándonos que en ellos habita lo más sagrado de nuestra especie, que son nuestra única oportunidad de sobrevivir en el planeta Tierra.

Este escrito significó, después de evaluar tantos niños víctimas de los adultos, a lo largo de mi vida profesional, la esperanza de que este libro ayude a prevenir más dolor en algunos y un mayor nivel de consciencia en todos aquellos que intervienen en esta tragedia que constituye el abuso sexual de un niño. Ojalá que todos aquellos que lo lean, comprendan la importancia de creer en la palabra del niño y sobretodo estén dispuestos a protegerlo por encima de sus propias necesidades y creencias, volviendo realidad al niño sujeto de derechos —que hoy sólo existe en el papel— cuyo bienestar está por encima del bienestar de los adultos.

ISABEL CUADROS FERRÉ

# Organizaciones de la Red Latinoamericana contra el maltrato y la violencia sexual hacia los niños, las niñas y los y las adolescentes:

Estas organizaciones, presentes en nueve países de América del Sur, son referentes para la información y la atención del abuso sexual infantil.

**ARGENTINA**
**Pedofilia-no**
Pasaje Angel
Peluffo 3981 CF
Teléfonos: 49816882, 49584291
Sitio web: www.pedofilia-no.org

**Asociación argentina de prevención de la violencia familiar**
Rivadavia 3192 (1203)
Buenos Aires
Teléfono: 48672220
Correo electrónico: info@aapvf.com.ar
Sitio web: www.aapvf.com.ar

**Centro de prevención y asistencia de la violencia familiar y social**
Teléfono: 46118210
Correo electrónico: cepreviorg@yahoo.com.ar

## BOLIVIA
**Defensa de los Niños Internacional Sección Bolivia - DNI Bolivia**
*Oficina Nacional*
Calle Ladislao Cabrera esq. Nataniel Aguirre - Piso 3
Casilla 255 - Cochabamba
Teléfono: (591-4) 4223207 - 4220439
Fax: (591 - 4) 4113863
Presidencia: dnibolivia@entelnet.bo
Dirección Ejecutiva: dniboden@entelnet.bo
Sitio Web: www.dnibolivia.org
*Filial Cochabamba*
Calle Ladislao Cabrera esq. Nataniel Aguirre - Piso 1
Casilla 255 - Cochabamba
Tel: (4) 4508617 - 4220441
Fax: (4) 4258531
Correo electrónico: filcbba@dnibolivia.org

*Filial La Paz*
Calle Batallón Colorados 162. Planta baja, Local 5
Tel: (2) 2440261
Fax: (2) 2124810
Correo electrónico: dnibolp@caoba.entelnet.bo

*Filial El Alto*
Av. Fuerza Área
Calle 2 Nº 140
Tel: (2) 2845071
Fax: (2) 2841021
Correo electrónico: dniea@entelnet.bo

*Filial Oruro*
Calle Soria Galvarro, 5637
Fax: (2) 5274313
Tel: (2) 5112484
Correo electrónico: dni_oruro@coteor.net.bo

**Filial Santa Cruz**
Calle Mercado Nº 36
Casilla 3309
Tel: 3- 3331500; 3129497; 3348988
Correo electrónico: dniboscz@acelerate.com

## BRASIL
**Centro de Referência, Estudos e Ações Sobre Crianças e Adolescentes - CECRIA**
Av. W/3 Norte Quadra 506
Bloco "C" Mezanino,
Lojas 21 e 25
CEP: 70.740-503
Brasilia / DF - Brasil
Fax: (061) 274.66.32 - (061) 340.87.08
Correo electrónico: cecria@cecria.org.br
Sitio Web: www.cecria.org.br

## CHILE
**Vicaría de Pastoral Social del Arzobispado de Santiago de Chile**
Calle Santa Mónica 2360, Santiago Centro.
Teléfono: (56-2) 695 6617
Fax: (56-2) 681.4758
Correo electrónico: vicaria@vicaria.cl
Sitio Web: www.vicariapastoralsocial.cl/menu.html

## COLOMBIA
**Asociación Afecto contra el maltrato infantil – AFECTO**
Transversal 4 (antigua Carrera 6) No. 51 A – 01
Bogotá D.C., Colombia
Teléfonos: (57-1) 2879801 – 2872603
Fax: (57-1) 2459387
Correo electrónico: afecto@afecto.org.co
Sitio Web: www.afecto.org.co

## ECUADOR
**Fundación Chakana**
Contacto: Sandra Espinosa.
Correo electrónico: sandraespinosan@hotmail.com

## MÉXICO
**Sistema Nacional para el Desarrollo Integral de la Familia**
Zapata 340 P.B., Sta. Cruz Atoyac, 03310,
México D.F.
Teléfono (55) 30032200
Línea gratuita de emergencia: 52598121, 01800-4727835
Sitio web: www.dif.gob.mx

## PARAGUAY
**Beca**
Contacto: Celeste Houdin.
Correo electrónico: beca@sce.cnc.una.py
Teléfonos (595-21): 5569690-552990-557190

## PERÚ
**Centro de Estudios Sociales y Publicaciones – CESIP**
Coronel Zegarra 722 – Jesús María
Lima 11 – Perú
Teléfono: (51-1) 4713410
Fax: (51-1) 4702489
Correo electrónico: postmast@cesip.org.pe
Sitio Web: www.cesip.org.pe

**Centro de Desarrollo y Asesoría Psicosocial - CEDAPP**
Av. Diez Canseco 796, Miraflores
Teléfono: (51-1) 2419009
Fax: (51-1) 2417096
Correo electrónico: cedapp@terra.com.pe
Sitio Web: www.cedapp.org.pe

## PUERTO RICO
Centro de ayuda a víctimas de violación
PO Box 70184
San Juan, PR 00936 - 8184
Teléfono: (787)7652412
Sitio web: www.salud.gov.pr/caav/

## VENEZUELA
**Cecodap**
Av. Orinoco entre calles Baruta y Chacaíto,
Qta. El Papagayo, Bello Monte Norte, Caracas.
Teléfonos: (58212) 9514079 - 9526269.
Fax: (58212) 9515841
Correo electrónico: cmartinez@cecodap.org.ve
Sitio Wcb: www.cecodap.org.ve

## URUGUAY
**Juventud para Cristo**
Manuel Acuña 3033
Montevideo, Uruguay
Teléfono: (5982) 5141414
Fax: (5982) 5115637
Correo electrónico: claves@adinet.com.uy
Sitio Web: www.juventudparacristo.org.uy

## AGRADECIMIENTOS

A MI QUERIDA MADRE, por su rectitud, buen ejemplo y discreción. Su compañía, sus oraciones y su buena energía nos han permitido salir adelante. Gracias por aguantar mis momentos de crisis y por esa espiritualidad que nos ha enseñado a sus nietos y a mí.

A mis abogados, María Ximena Castilla y Freddy Julián Toro, por su capacidad para ponerse en los zapatos de quienes los hemos buscado en un momento de angustia. Ellos, con su sabiduría y entrega, nos han logrado tranquilizar dando la pelea a conciencia y limpiamente.

A mis amigas y amigos, es decir esas hermanas y hermanos que nunca tuve y que fueron, en últimas, quienes soportaron mi único tema de conversación y nos dieron la mano en los momentos de intenso dolor. Ahora espero que lleguen los gozosos para que celebremos.

A mi ex esposo, por enseñarme que en la vida no todo es color de rosa y porque me hizo descubrir que soy capaz de sacrificar mi bienestar por defender a los más débiles. Públicamente le agradezco por haberme dado esos hijos tan lindos y valientes que han sido capaces de contar la verdad por dolorosa e increíble que nos parezca.

Al fiscal que no le creyó a mi hija cuando contó que su padre abusaba de ella, porque con su fallo me obligó a denunciar la injusticia en los medios de comunicación y desde ese momento, en Colombia, muchas madres, niñas y niños se animaron a denunciar el abuso al que estaban siendo sometidos desde hace años.

A Dios, porque me ayudó a descubrir y a frenar a tiempo el abuso al que estaban siendo sometidos mis hijos.

MARTHA ORDÓÑEZ VERA

## BIBLIOGRAFÍA DE REFERENCIA

Browne, K; Davies, C; Stratton, P. *Early Prediction and Prevention of Child Abuse*. Londres: John Wiley & Sons, 1994.

Cobos, F. *Abandono y agresión*. Bogotá: Asociación Afecto, 1997.

Conte, J. *Critical Issues in Child Sexual Abuse*. California: Sage Publications, 2002.

*Constitución Política de Colombia*, artículo 44. Bogotá: 1991.

*Convención Internacional de los Derechos del Niño*. Bogotá: Fondo de las Naciones Unidas para la Infancia. Unicef, 2005.

Coulborn, K. *Child Sexual Abuse: Intervention and Treatment Issues*. Los Ángeles: National Center on Child Abuse and Neglect, 1993.

Cuadros, I. *Manual básico para el diagnóstico y tratamiento del maltrato infantil*. Bogotá: Asociación Afecto, Save the Children, 2006.

De Mause, Ll. *Historia de la infancia*. Madrid: Alianza Editorial, 1982.

Díaz Huertas, J.; Casado Flores, J; García García, E.; Ruiz Díaz, M. A.; Esteban Gómez, J. (Directores). *Atención al abuso sexual infantil.* Madrid: Instituto Madrileño del Menor y la Familia, Consejería de Servicios Sociales, 2003.

Finkelhor, D. *Abuso sexual al menor.* Ciudad de México: Pax, 1980.

Gil, E.; Cavanagh, T. *Sexualized Children. Assessment and Treatment of Sexualized Children and Children Who Molest.* USA: Launch Press, 1993.

Helfer, R. E.; Kempe, H. *Child Abuse and Neglect. The Family and The Community.* Cambridge: Ballinger Publishing Company, 1985.

Helfer, R. E.; Kempe, H. *The Battered Child.* Chicago: The University of Chicago Press, 1988.

Herman, H. *Father – Daughter Incest.* Boston: Harvard College Press, 1981.

Hunter, M. *Abused Boys. The Neglect Victims of Sexual Abuse.* Nueva York: Fawcett Columbine, 1991.

Instituto Colombiano de Bienestar Familiar ICBF. *Periódico Diálogos. Especial Violencia Sexual. Mapa de competencias institucionales frente a la violencia sexual.* Año II No. 13. Publicación mensual – Octubre de 2004.

ISPCAN. *Congress. Perpetration Prevention: Reducing The Risk of Children Becoming Abusive.* Denver: Ispcan, 2002.

Kempe, R.S.; Kempe, H. *The Common Secret. Sexual Abuse of Children and Adolescents.* Nueva York: W. H. and Company, 1984.

Loredo Abdalá, A. *Maltrato al menor.* Ciudad de México: Editorial Interamericana, 1994.

Miller, A. *Por tu propio bien.* Nueva York: Farrar. Straus. Giroux, 1984.

Monteleone, J. Brodeur, A. *Child Maltreatment, A Clinical Guide and Reference.* St. Louis: GW Medical Publishing, segunda edición, 1998.

Pichot, P. *Manual diagnóstico y estadístico de los trastornos mentales DSM IV.* Barcelona: MASSON S.A., 1995.

Pinilla, F. y colaboradores. *Clínica de maltrato infantil.* Bogotá: Caja de compensación familiar Colsubsidio, 1995.

Rascovsky, A. *El filicidio: La agresión contra el hijo.* Barcelona: Paidós – Pomaire, 1981.

Rozanski, C. *Abuso sexual infantil ¿denunciar o silenciar?* Buenos Aires: Ediciones B Argentina S.A., 2003.

Stien, P.; Kendall, J. *Psychological Trauma and The Developing Brain. Neurological Based Interventions for Troubled Children.* Nueva York: The Harworth Maltreatment and Trauma Press, 2004.

Teicher, M. *Neurobiología del maltrato en la infancia.* Madrid: Revista investigación y ciencia, mayo, 2002.

Wolfe, D. *Programa de conducción de niños maltratados.* Ciudad de México: Trillas, 1993.